U0002282

微創傷

你以為沒什麼事，其實很有事

Tiny Traumas: How to stop feeling stuck, anxious, low, unmotivated and unhappy, take back control of your life, and heal for good

梅格・亞若 (Meg Arroll) ／著

呂奕欣／譯

微創傷

你以為沒什麼事，
其實很有事

獻給我那溫柔敦厚的父親
──天哪！我好想您。

目錄

引言

　　你沒碰上什麼嚴重的事、生活也沒出什麼大問題……你甚至說不出個所以然，但就是覺得「不足」：力不從心、遭人低估、不夠被愛……。你的家庭不錯，工作也還行（畢竟是工作嘛），還有一群好朋友；你不愁吃穿，有地方住，從生活各個層面來看，你過得還可以。但不知怎地，你不覺得……快樂。然而，這個社會為我們設定的目標，不就是快樂嗎？無論是雙親、師長、朋友、同事，或幾乎放眼望去的任何地方，都在強調要快樂。

　　你的生活中沒發生什麼壞事……但這就是重點所在：從小到大，太多人教我們忽略「小小的創傷」，於是這些傷在暗中逐漸形成大洞，暗潮洶湧，也不時噴發焦慮的小火花，讓人總是憂鬱，卻被包裝成人們分享在社群上光鮮亮麗的寫照。

　　我絕大多數的個案並未在人生的早期階段承受重大創傷，例如性或身體方面的虐待、住在戰爭地區，或在童年時碰上照顧者離世，但他們在生命歷程中，總有些小小的傷痕與疙瘩，讓他們留下印象。社會潛規則要我們「保持冷靜，繼續向前」（keep calm and carry on），因此幾乎難以察覺的小傷，就在我

們的情感核心積累，而且像信用卡循環利息一樣，愈滾愈大。最後，心中的淤泥愈積愈多，衝擊健康——儘管這不見得使人消耗殆盡，但許多人會感覺到自己被拉進疲憊、低度焦慮與缺乏自信的深淵。若忽視微創傷，我們就會受到危害；若不加以檢視，將會導致現代諸多身心問題。

　　好在多數人不會一而再、再而三地經歷重大創傷，或至少不會面臨多重創傷與凌虐，引發心理疾病。

　　我們都會失去所愛的人、約有半數人會經歷離婚，許多人都有身體受傷或生病的經驗，而這類重大創傷導致的心理健康問題可被診斷出來，例如焦慮症或憂鬱症。不過，這並不符合我日復一日在晤談時看到的情況，更常見的反倒是較為幽微的經驗，例如親子之間的誤會、亦敵亦友的霸凌、教室裡的羞辱事件、頻繁遷徙所造成的不安（學校與工作地點變動）、成就取向的文化，或是時時得為帳單煩惱，導致「這番辛苦究竟為何？」的低成就感。然而，總是感覺很糟、無精打采、高功能焦慮症與適應不良的完美主義者，並不是家庭醫師會治療或處理的症狀——這些不符合醫學百科上簡明的分類。而當醫師詢問，你過去一年是否碰上重大事件時，你可能回答：「沒有。」於是，人們在沒有嚴重大事、但就是悶悶不樂的茫茫大海中載浮載沉。究其原因，是我們沒有體認到微創傷暗中累積的影響。

　　我在形容微創傷（Tiny traumas）時，常會稱之「小小傷」（Tiny T），這些是普遍經驗，應以日常用語來訴說。生活由小

事構成，但這些日常小事會榨乾我們的精力、生氣與潛能。然而，若能覺察到自己的小小傷，就能善加利用，構築出穩健的心理免疫力，讓我們具備緩衝能力，抵抗未來重大創傷的嚴重影響。

因為你很重要。聽我說——你很重要，比你現在認為的還重要得多。你讀完本書時，不僅會相信這件事，日常的焦慮與挫折也會開始消融。相信我，我是心理師——但不是你想像的那種。我這沒有讓人躺下的沙發，我也沒鬍子，不會帶著是非判斷地點著頭，因為任何人的經驗、錯誤，或最陰暗的想法，都沒什麼好可恥的。本書訴說的，是我20多年來研究與晤談所得知的事實。每位和我晤談過的個案，都有某種型態的微創傷，例子不勝枚舉，但這些小傷通常會咕嘟咕嘟冒著泡泡，以可覺察的形式出現。我在書中會和你談談許多我辨識出的微創傷類型，它們不屬於醫學上的病症，卻以常見的模式影響人。某些微創傷類型你可能覺得很熟悉（甚至不只一個），並以為自己是唯一承受苦痛的人——但此刻我希望你知道，這些小小傷、病痛或無論我們如何稱呼每章節提到的跡象與症狀，其實都很常見。由於缺乏醫學上的定義，我無法提供明確的百分比與數字，說明多少人有這樣的感受，但我可以從我的經驗與觀察告訴你：就算你沒有任何微創傷，你認識的某個人也會有，且那人可能和你關係密切。

我會提供具體且實際的方式，處理這些議題，帶領你度過這些微創傷的導火線，例如低度恐慌、總覺得不夠好，甚至失

眠、體重增加與慢性疲勞的健康問題，讓你重新掌握自己的人生，不再成為微創傷的奴隸。儘管現今想接觸心理諮商服務並不難，但我們已從研究中得知，閱讀療法（bibliotherapy）有助於紓緩症狀——你在讀這本書時，就在做這件事。

我們都得處理生命中棘手的問題，那些問題既複雜又日常，因此我們要盡量讓解決之道簡單明瞭。為此，我提出的辦法聚焦於解決方案，有三個步驟：

3A法

- **第一步：覺察（Awareness）**——發覺你獨特的微創傷組合，以及這些小傷如何影響你的經驗，取回人生的主導權。
- **第二步：接受（Acceptance）**——通常最具挑戰性。許多人在這個階段會試著把微創傷扛在肩上，卻沒有接受，於是這些傷依舊對當前的人生產生不良影響。
- **第三步：行動（Action）**——光是接受還不夠，你必須採取措施，主動創造自己要的人生。

在你開始了解這過程之際，還有個重點：你得按部就班，照順序來。我在晤談時常看到有些個案直接朝「行動」的步驟前進，這讓他們感到無比挫折；這就好像沒有消毒傷口，直接

把OK繃貼在嚴重的擦傷上——髒汙與沙土都還留在傷口，最後導致感染，留下更嚴重的問題。同樣地，如果不先覺察微創傷，並接受自己生命中的遭遇，那麼採取行動所帶來的改善只是曇花一現。另一方面，有些人的覺察能力很敏銳，尤其是嘗試過心理與自助技巧的人，他們可能會跳過接受階段，直接從覺察邁向行動階段，這絕對不是個人缺失——我們生活在步調快、講究即時行樂的社會，不難想見大家會想藉由觀看兩分鐘的抖音，就解決問題。然而，正如任何技能，一旦你習慣這個過程，會更容易依循這些階段，成為3A大師。

在正式開始前，最後有項說明。大家最常問我的問題是：「要多久才會好？」唯一正解是：因人而異。正如身體療癒需要時間，情緒與心理方面的復原也需要空間與時間。傷口愈深或微創傷的數量愈多、程度愈大，就需要更長的時間修復。這過程需要付出也需要努力——但我保證值得。因為**你值得**。

接下來要提到的事實有些殘忍：雖然微創傷不是你的錯，你卻是唯一能處理的人。現在，也就是已經發生的當下，你採取重要的第一步，是開始處理我每星期都會看到的重重困難。你不孤單，我會和你一起走上這段旅程。

我將從微創傷的定義以及處理微創傷的必要性開始談起。我們會展開包羅萬象的3A法，第一步是——提高覺察。

第一章

微創傷是什麼？

本章探討

〉創傷如何影響身心健康

〉「重大創傷」與「微創傷」的差異

〉微創傷的各種來源

〉心理免疫系統

〉如何將微創傷轉化成心理抗體

　　我們首先探討重大創傷和微創傷之間的差異。所有的經驗都會影響我們，這點毋庸置疑。定義創傷有助於解釋為什麼那麼多人三不五時就感到無力，我們也會探索微創傷的眾多來源，並以生活中實際的例子，說明這種情緒攻擊的脈絡，且造成的傷害通常擺在眼前，我們卻視而不見——這正是微創傷會如此傷人的一大原因。

　　心理學是相對較新的學門，在上個世紀才開始以嚴謹的方式進行研究，因此還請包涵這個領域得花點時間，進一步了解

低度創傷。首要是觀察究竟發生什麼事，確保專家（例如心理學家）的研究能清楚反映出真實生活。你也可以上網分享自己的例子，並標示#tinyt，讓其他人覺得不再孤單，同時增加實證基礎。現在，讓我們開始進入微創傷的世界……

重大創傷與健康

研究人員與心理學家關注的焦點，一直是發生在生活中頗為負面的事件，直到近期都沒改變。這種情況其來有自，因為這些事件導致急劇的精神疾病，人們也會尋求專業協助。其中包括導致生活受限（有時還會使生命受到威脅，著實令人心痛）的精神疾病，例如重鬱症、廣泛性焦慮症、創傷後壓力症候群，以及林林總總記錄在精神健康聖經《精神疾病診斷與統計手冊》（*DSM*）的諸多疾病。許多列在手冊中的疾病都以重大創傷為特徵，這些創傷是很惡劣的狀況，會使身心出問題。構成重大創傷的原因很多，例如曾在戰區的經驗；童年時碰上性、身體或情感凌虐強暴或性騷擾；受困於火災、地震、龍捲風與颶風等天災；或淪為武裝搶劫或恐怖主義暴行的受害者。

在最新的《精神疾病診斷與統計手冊第五版》（*DSM-5*）中，共有157種可診斷出的疾病，比這部專書在1952年的初版多了50％以上。這表示大家罹患更多種精神疾病嗎？或許吧，但主要是我們愈來愈能辨識與確認病症，現在還發現即使是其他（更平凡）事件，也可能會讓情感與功能出問題。

重大生活事件

絕大部分的人不會碰上嚴重事件所造成的重大創傷，但在某些時間點，我們會失去所愛的人、許多人會離婚，就算是喜事（結婚生子或逢年過節）也可能讓我們壓力很大——這些就是精神科醫生湯瑪斯・霍姆斯（Thomas Holmes）與理查・拉赫（Richard Rahe）提出的「重大生活事件」。兩位醫師鑽研逾5000份病歷，分析病患遇到會造成壓力的生活經驗，是否與日後的健康有關。他們列出了諸多事件，從創傷最強烈的事件（配偶死亡），到不那麼重要但也會帶來壓力的小事，例如小型違法事件（誰沒收過交通罰單！？）並給予每一項事件分數或「生活改變單位」（life change unit）。除了事件的嚴重程度，在一年間發生多少事件也是健康的重要指標。精神科醫師加總病人的生活改變單位後，如果總分達300分以上，就會產生健康風險；150到299分，罹患疾病的風險為中等；而年度總單位在150分以下者，健康不佳的風險較輕微。[1]

因此我們可以理解，人們在生活中經歷到的某些事件，尤其是在短時間內發生的，可能同時使身體與精神健康發生問題。但情況可沒這麼簡單；即使許多研究支持這項理論，有些研究仍發現，就算生活改變單位未超過神奇臨界閾值，也會出現狀況。為什麼這些事情會讓某些人病懨懨，別人卻沒事？我會說，這就是微創傷理論發揮本事的時候了。

微創傷：遺失的脈絡

　　我剛踏上學術生涯時，曾是慢性病研究團隊的一員。團隊
進行各式各樣的疾病研究，探究這些狀況如何影響病患。參與
「身體疾病心理學」課程的學生，常有長期健康問題，或者當
時覺得沮喪、飽受焦慮之苦（這對心理系大三的學生來說，沒
什麼好訝異的！）但這是我寫書的動機。

　　為了回應這樣的問題，同事與我不再只投稿到等著積灰塵
的科學期刊，而是為大眾寫書。我也真正領悟到，研究人員談
論的重大創傷與生活事件，並不能解釋我們研究與處理的許多
狀況。

　　我是從心理學家法蘭辛・夏碧羅（Francine Shapiro）博士
的研究中聽到「小創傷」一詞，她最廣為人知的是創造眼動減
敏與歷程更新療法（EMDR）。夏碧羅博士把創傷的概念拓展
到經常發生且多數人都會經歷的經驗上，例如情感忽視或漠
然、社會羞辱與家族議題，但這些事情的嚴重性不及重大創傷
或重大生活事件。然而夏碧羅博士在研究與實務上發現，這些
較小型的衝擊可能造成長期的情感與身體上的病況。有時稱這
類創傷為「小創傷」，但我偏向稱之「微創傷」，在我們一起
踏上的這段旅程中皆如此。

　　然而無論我在學術資料庫中以什麼關鍵字搜尋，都無法在
科學研究報告、臨床報告，或更主流的出版品中，找到關於
「小型或微型創傷」的文章。如同許多重要議題，這件事曾或

多或少受到忽略，就這樣被輕描淡寫，然後掃到地毯下。直到近期才出現改變。

我找到一篇相關主題的科學報告，探討腸躁症患者的重大創傷與微創傷。我以為會看到和以前一樣的結果：創傷愈重大引起愈多症狀，對病人的生活造成愈嚴重的衝擊等。實情卻恰恰相反，雖然心理學家學的是重大創傷才會導致健康問題，但微創傷似乎比重大創傷或生活事件，更能預測腸激躁症候群。[2] 如果父母冷淡或漠不關心，這樣的孩子會比那些遭到嚴重虐待的孩子，更容易出現胃腸問題。我發覺這很有意思！微創傷不只重要，對這些病人來說，甚至比重大創傷還重要！就在這靈光乍現的一刻，我開始對微創傷難以忘懷——甚至可解釋我當年的學生與後來治療的個案面臨的諸多問題。

即使 *DSM-5* 列出 157 種可診斷的疾病，也不能說已涵蓋所有問題、無漏網之魚。我在診所遇到的人，絕大多數不會吻合特定診斷的所有條件，難道這表示他們不需要或不值得幫助嗎？我會大聲疾呼：不是！我們有時都會需要某些協助，但現在談到的都只是心理健康的表層。當然，和所有的學科一樣，一開始會先談最明顯、最嚴重的案例，後續科學研究中我們才會慢慢探究不那麼顯而易見卻同樣值得注意的現象，例如情緒性疼痛與不平衡感。

別亂了陣腳,親愛的!

我喜歡使用以下例子,解釋為何生活中不那麼嚴重的事件,卻有重大影響。想像一下,你的人生是一艘船,你年復一年駕著這艘船。多年來,這艘船和一些石頭碰撞,也遇上暴風雨,船身底下則有魚類啃咬。這些小小的磨損不成問題,你不時會察覺到這些損傷,並以工具修補。不過,駕船是相當忙碌的工作,尤其在風雨交加、船身劇烈搖晃時,你不會立刻注意到有漏水之處。通常只有在問題出現時,你才會知道自己陷入麻煩,例如失去動力,卻不知道原因何在。簡言之,這就是微創傷。

微創傷的理解之旅

理解這個比喻後,我要整理對某些人來說相當困擾的經驗。或許經驗本身不是特別有問題,但與其他微創傷甚至社會壓力結合時,就格外惱人。接下來會提到許多例子,雖不算滴水不漏(不然書會寫得落落長!),卻是我最常見到的微創傷。

如同重大生活事件,微創傷也會在某些階段發生,而在留下第一道心理疤痕後,低度創傷通常會隨著時間而強化。這種強化會產生一種模式,可能是心理模式,或是行為模式。這就是在引言中提到的微創傷作用,本書接下來會好好討論。現在我們先快速瀏覽隨處可見的微創傷,說不定你會覺得很熟悉。

來自童年的微創傷

　　創傷研究大多著重於生命初期階段的經驗，因為神經網絡在這個時期形成，因此發生在我們身上的事情，影響也最大。沒有人能真正毫髮無傷地度過童年——也不該毫髮無傷，因為這些經驗長久下來，造就我們是什麼樣的人。

　　對許多人來說，往事不如雲煙，會留下無法抹滅的痕跡。下列童年時期的微創傷例子，你或你所愛的人也許會有感觸。

親職陷阱

　　我們和主要照顧者（通常是爸媽，也可能是養父母、姑嬸叔伯，總之就是童年時照顧我們的人）的連結，會形成「依附型態」。在1950年代晚期以及整個1960、70年代，約翰·鮑比（John Bowlby）與瑪麗·愛因斯沃斯（Mary Ainsworth）等知名心理學家，觀察到孩童發展出四種回應環境的行為與氣質模式。[3]第八章談論「愛」的時候，會更詳盡說明；簡言之，無數實驗在探討依附型態，說明照顧者如何回應嬰兒，會影響孩子對這個世界的安全感。如果家庭提供孩子一致且敏銳的回應，那麼孩子就能發展出安全型依附；但如果家長有點疏離或分心，就會形成迴避型依附。這會影響到我們在成長過程中，帶著哪些模式進入成人關係。有時依附是好的，有時不那麼好，因為除了安全型依附（另外兩種是矛盾型依附與混亂型依附），其他的依附型態會讓我們陷入不那麼好的情況，經常覺

得自己沒有價值。

　　這也是微創傷會代代相傳的原因。照顧者本身可能有好些微創傷，卻從來沒機會好好探索。有可能礙於現實，導致孩子覺得孤單：例如許多人是「鑰匙兒童」，放學後回到空蕩蕩的房子，得自己打理一切，直到父母下班回家。這情況無所謂重大創傷，許多家長和照護者就是需要工作、加班，才能養家活口，讓家人有遮風避雨之處，畢竟許多國家的生活費都很高——的確，這是社會本身對許多人造成的微創傷。

　　但在「玻璃心」的指責出現之前，我要說，並不是只有這個因素會帶給人深刻的心理創傷。然而，這些模式會出現在成人的關係中，不光是愛情的連結，也包括友誼以及與其他人的互動。在了解這樣的設定後，才能開始改變會導致人生出現問題的腳本。

　　或許你和照顧者的性格迥異，有些人似乎與父母很不一樣，根本不像是他們的孩子。比方說，有個外向的爸爸會帶兒子參加每一場足球賽與童軍團活動，但那男孩就只想躲在棉被底下，開手電筒寫故事。沒有人會說爸爸失職，甚至不少人會說，把孩子帶出舒適圈是有好處的，但研究告訴我們，這種無法呼應的情況，可能導致依附感出現些微傷痕。[4] 重點在於，無論我們是誰，都要感覺到無條件地被愛與被接受。

　　在人生的早期階段，有無數幽微的方式會影響到我們，而這些照顧方式並非疏忽、凌虐或「糟糕」，只是不適合我們獨一無二的性格與氣質。即使沒有明顯的錯誤之舉，我們還是會

受到經驗、背景與關係的影響，正因如此，務必要了解微創傷。若少了這方面的覺察（3A法的第一步），我們會永遠處於稱不上沒事的狀態，感覺不好也不壞，只是在某種不著邊際、浪費時間的地方。

來自校園的微創傷

無論你對學校是愛還是恨，在學時光是我們發展的關鍵時期。你在學校或許像電影《蹺課天才》的主角菲利斯・布勒（Ferris Bueller）——正如學校祕書葛蕾絲告訴校長（主角的死對頭）：「喔，艾德，他很受歡迎。無論是運動迷、重機迷、宅男、蕩婦、愛打架的、吸毒喝酒的、魯蛇、蠢蛋……全都很愛他，認為他是正直的人。」學校是世界的縮影，我們經常被歸類，說不定你也曾是運動迷、重機迷、宅男，而會將我們分門別類的不光是同儕，更常是我們剛萌芽的個人身分認同。[5]

微創傷是來自較細膩的互動，而不是諸如霸凌的嚴重凌虐。顯著的霸凌行為是重大的童年創傷，遺憾的是，不少孩子有這樣的經驗。對於其他孩子來說，不那麼明顯的惡意、感覺格格不入、操場上的羞辱、考試的壓力、講究名次而不是學習過程的環境，都能造成微創傷。

幾年前我遇到一名個案，他可說被歸類為功成名就的人——就稱他為老莫吧！他是最高主管、薪資優渥、婚姻美滿，還有兩個聰明的孩子。他是社交活動的中心人物，有一群好朋友，有華美住宅、帥氣跑車，要什麼有什麼，似乎別無所

求；然而他的體重卻持續增加，看似沒有盡頭。老莫解釋體重之所以增加，是因為中午總是和客戶應酬吃飯，而他買得起上好的食物與酒，也願意慷慨分享給所愛的人。但這樣的解釋其實無法說服他自己，也說服不了我，於是我問老莫：

「想想看，有沒有哪件事或經驗，對你產生重大影響或改變，但你認為這件事沒什麼大不了，不值一提？」

我和每個人剛開始對談時，幾乎都會採用這個問題，而答案都是某種創傷形式。對有些人來說，這問題可能觸發正回憶，但負面事件通常會更固執地卡在我們內心深處、揮之不去。所以，他們想起的故事**通常**是關於某種型態的微創傷。老莫的故事是這樣的……

「我九歲時，弟弟被診斷出注意力不足過動症（ADHD）。當年和現在不同，學校、其他家長與社區不討論也不接受ADHD，當時大家只是認為小凡（我弟）是個淘氣的壞孩子，總想引人注意。我在學校時，泰半時間得留意小凡，確保沒有人欺負他，連老師也在我的觀察範圍。我不會跟人打架，但會藉由和別人開玩笑，讓他們別鬧小凡。我無疑是班上的小丑，我愈讓同學與老師大笑，他們愈不會把焦點放在小凡身上。或許正因如此，我總是凡事一笑置之（笑）。但我覺得提起這件事不太對，因為我這麼胖並不是小凡的錯。任何事情都不該怪到他身上——任何事喔。」

我們毫無疑問地提及很重要的事件，碰觸到敏感脆弱的神經。這是個起點，我們得知此經驗如何伴隨與造成沒有助益的

感受與行為（以老莫的情況來說，就是過度飲食）；有時甚至
澈底有害，例如此時老莫有高血壓，醫生還警告他是糖尿病前
期。他知道得做些什麼，別讓自己盲目地大吃大喝。

情境觸發

老莫再度來我的晤談室時，情緒不像平時那麼快活。他坐
下來，肩膀微弓，直盯著地板。他告訴我，他不敢相信光是一
個問題，就開始觸動他心中許多頓悟，他覺得有點承受不住。
老莫說，他現在很難接受自己被有關弟弟的問題影響，於是我
們花了點時間，走入老莫的微創傷迷宮，試著找出脈絡。

引言中提過3A法，也就是覺察、接受與行動，而老莫想
要跳過覺察，直接進入接受，卻導致情緒問題。我們必須要在
第一個A，也就是「覺察」多出一點力，才能為「接受」打好
基礎，畢竟老莫看不出小凡的ADHD和自己愈來愈寬的腰圍之
間有何關聯。嗯，看不太出來。我認為在兩者之間畫上等號太
過簡化，畢竟微創傷的基本原則之一，就是這類型的創傷是累
積而成的。

重大創傷與微創傷之間有很大的差異，重大創傷通常是很
清楚、可輕易辨識的事件（或者連續事件，例如凌虐），我們
會立刻發現這對於身心有高度的傷害；然而，微創傷是較小的
事件集合，並在特定的脈絡大量出現，經長時間累積而成。

正如老莫提到，如果他和小凡都就讀現今的學校，那麼他

俩會有很不一樣的體驗。我們對於ADHD等疾病的知識日漸改變，如今也更懂得要支持這樣的患者與家屬。但40多年前的情況不可同日而語，因此我們務必要把微創傷放入歷史脈絡。這麼一來，能改變老莫的心態，不會認為微創傷暗示著要責怪親愛的弟弟。覺察微創傷的脈絡才能帶來轉變，並挪出空間給3A法則的第二個A：接受。

串連各個點……

通常我們開始覺察微創傷時，連結會突然湧現，有點像初次開啟防洪閘門！老莫開始把微創傷連結到他為了埋藏自己的感受與恐懼，會在下課、午餐與放學後大吃。他家很重視飲食，會把飲食和愛與慰藉連結起來，但驅動他暴食行為的原因，不光是這項連結。老莫的體重增加之際，他也設法展現開心果的人格，這就像他的超能力，不僅可以保護自己，還能保護家人，不受他人言語與行為傷害。大家似乎都喜歡老莫，因此他從學校畢業，取得第一項銷售職務時，只要帶潛在客戶上昂貴的餐廳吃頓飯，總能談成生意。這難道不是雙贏局面嗎……？幽默風趣與美食佳餚讓他功成名就、財富自由，不光是擋下霸凌而已。起初是與微創傷有關的事，現在成為紋理奇特的模式，因此即使老莫的醫師一再提醒他需要節食，改變生活型態，他都覺得難如登天。

說到這裡，其實已更清楚說明，為何理解微創傷這麼重要，卻經常受到忽略。首先老莫認為，提及弟弟與他的診斷可

能衝擊到自己，這是可恥的想法，但這讓老莫無法有意識地覺察到這些事件。老莫認為自己的感受並不重要，因為自己的經歷一定沒有弟弟的感受糟糕——這種認為別人比我更慘的經典思考方式，明顯是微創傷的特色，讓我們覺得自己不值得被照料與同情。這種心靈遊戲也讓人難以從3A法中的覺察階段前往接受階段，畢竟以微創傷的性質來看，就是不若重大創傷那麼嚴重。

我們可以輕鬆指出一項重大創傷事件，認為我們就是該注意這麼明顯的創傷或是生活事件，但事情沒那麼簡單。對老莫而言，他會走進晤談室，並不只是因為求學階段的情況——他和所有人一樣是複雜的存在，然而這是注意得到、可以訴說，也對其餘歲月有影響的事情。對於弟弟小凡的愛及予以保護的直覺，讓老莫對揶揄或霸凌高度警戒，因此在班上時時扮演諧星簡單多了。這也說明為何先以一段特殊的插曲出發，並從那裡開始回溯是很有幫助的，同時有助於尋找更多微創傷。

關係中的微創傷

我們與主要照護者的連結，並非唯一與微創傷有關且會帶來轉變的重要關係——成年人的連結（包括柏拉圖式與浪漫關係）可能都會在我們的心裡留下坑疤。想想看，沒人能忘懷初戀，對吧？這裡提醒一下：本書會提到不少老套的事，雖不是刻意為之，但陳腔濫調之所以存在，蘊含著對普世現象的理

解，讓人一看就瞭然於心。我們會在第八章談論微創傷如何影響未來的關係選擇與成就，現在先談談整體的關係微創傷。

難以追回……

我們被愛的方式（前文提到的依附型態）發展於孩童時期，但如何被愛，並非只與父母或照護者有關。雖然這些關係通常會繼續主導我們成年的依附型態，不過腳本並非一成不變。即使我們相當幸運，和早年照料我們的人建立起堅強穩固的連結，但不順遂的關係也會造成微創傷，導致我們的內在羅盤偏斜。

有沒有人讓你難以忘懷？你或許不會誇張到在社群上纏擾，但有時你就是會想起對方，尤其是覺得生活特別不如意時。即使你已為雙方的關係劃下句點，還是可能造成微創傷，因為要建立親密關係，需要敞開心房，這樣更容易受傷。或許本章開頭提到的事，已讓你想起了什麼，但我要說的是，無論關係是為了什麼原因終止，都能帶給我們啟示，只是探索起來可能相當痛苦，因此要有耐心，溫柔對待自己。

在另一次與老莫晤談時，他說自己成年後最大的挑戰，來自關係之中。他現在是幸福的已婚人士，心中卻有個微創傷隱隱作痛：

> 我在 20 出頭、就讀大學時認識莎拉。我們在同一個
> 小組，經常一起度過閒暇時光，也確實「交往」，如

果妳懂我的意思。我以為我們是情侶，但有天我喝了幾杯啤酒，問她願不願意見我的父母，我永遠忘不了她飽受驚嚇的表情。之後她捧腹大笑說：「你知道女生會幫男生排名嗎？你可是倒數第一！」後來，我很久沒有再約會了。

老莫很肯定遭到拒絕是因為他的體重，而且在團體中，他擔任的是搞笑的角色。如同惡性循環，情傷引爆更嚴重的過度飲食。那次被拒絕後不僅影響他和莎拉的關係，也讓他漸漸疏離了朋友圈。

這就是微創傷的重要特色：一段十年的關係在你內心造成宛如紙所割出的傷痕，那傷害不亞於近期的逢場作戲。微創傷沒有「值不值得」，端看這件事如何影響**你**，而你會有所感受絕對合理——不只合理，你的感受很重要，因為你就是你，你在生活中所承載的傷痕不僅會影響你的未來，在某種程度上還會左右你的日常與情感狀態。當然，這也有值得鼓舞一面：透過探索微創傷，老莫現在不僅能提高對微創傷的覺察，也能朝著接受的狀態前進，知道這些一連串的事件、感受與行為，引導著他進入由飲食來安慰自己的世界。對老莫來說，把每個微創傷的點連起來，就能成為力量的來源，也是心理鍛鍊，而不是像掛在脖子的重擔。我會在第七章〈多吃才能舒心？〉詳細說明，如何讓老莫進入3A的「行動」階段。本書接下來的章節圍繞著各種微創傷，以及你可以採取的行動，掌握你的過

去、現在、未來，讓人生更精彩，不會只是過一天算一天。

來自友誼的微創傷

雖然我們談到傷痛時，說的多半是沒有結果的單戀或感情告吹，但是友誼、泛泛之交以及與同事的互動，也會帶來不少微創傷。我在晤談時，發現女性友誼特別容易影響個人的情感健康，有正向也有負向。這背後隱含男性與女性天生的演化因素，但我們為了講究平等，忽略了這一點。

經典的「戰或逃」壓力反應廣為人知。我們的祖先在面對掠食者時，為了確保生存，必須全力對抗或逃之夭夭。因此，我們的身體會啟動一連串複雜的生理過程，以求達到最高的生存機率：心臟會供給更多血液到肌肉、血糖釋出以提升力氣，瞳孔也會放大，以看清危險。但壓力反應不只一種。

早期醫學與生理研究的對象絕大多數以男性為主，那些探討我們如何處理壓力的研究也不例外。然而後來的研究認為，應該要以不同的族群來反映這種重要過程，因而發現女性雖也有敏銳的戰逃反應，但會遵循「照料和結盟模式」。想想我們的前輩，會發現女性承擔照料幼者的角色，也會建立社會連結以求安全。要是哪個女性冒犯群體中地位較高的女子，就會出問題，甚至導致她被整個宗族排拒——可能對個人與小家庭造成災難。正因如此，女人通常會避免直接衝突，且和配偶與家人吵架時，受到的影響也較深。為了維持社會秩序（例如「以和為貴」），女性可能一直在猜測、討好、謹言慎行，而藏起

不被社會接受的感受，或在極端狀況下，壓抑真正的自我。男性當然也會如此，但女性在複雜的群體動態中，大腦與神經系統「照料和結盟模式」根深蒂固，為求生存，也讓這種社會行為反應在女性間更常見。相對的，男性可能吵了一架、一較高下後又和好沒事了！這當然是很簡化的說法，我也不想否認人類行為的複雜性，但如果從這一點出發，有些看似莫名其妙的現象似乎就有了頭緒。這麼一來，我們能以微創傷為基礎，建構出更詳細的畫面，理解我們行為與感受背後的原因。

如果森林有棵樹倒下……

然而無論男女，都屬於社會性生物，隸屬於群體、被周圍的人所接受，對我們來說是很關鍵的需求，和水、空氣、食物與安全一樣。這話絕不誇張，即使年紀夠大、能照料自己，我們的認同與安全感依舊來自於與他人的互動。這不是在談哲學思考：一棵樹若在森林裡倒下，若周圍沒有人能聽見，那這棵樹到底會不會發出聲音？容我再提出一個問題：如果你在與他人的關係中看不到自己，那你會是什麼樣？

來自職場的微創傷

你的工作只是份差事，或是代表理想與抱負的事業與志業？若你覺得工作是為了日常開支，那麼比起那些把工作視為事業或志業、能帶來養分的人，你可能較不快樂。如果你做的

只是一項差事，則朝九晚五的大部分時間，你可能都在做白日夢，想像自己在海邊賣貝殼項鍊、寫了一本暢銷書，或者中樂透，根本不用工作。若你的情況是如此，那麼微創傷可能每天都在侵蝕你。

我們都需要有遮風避雨之處，因此一份事業與一份差事的差異，通常取決於你是否走在自己所選的工作道路上、是否為自己做事。如果你做的是別人分派給你的事，就比較無法掌握自己的抱負與目標。另一方面，能稱為志業的工作是除了滿足溫飽的需求之外，還密切吻合你的核心信念與身分認同感。傳統上，我們認為志業包括醫師、神職人員及以助人為本的職業。但可惜的是，如今這些角色也與單調乏味的現代生活產生衝突，正如一位飽受慢性焦慮症之苦的家醫科醫師這樣說：

　　擔任醫師就是我的人生。那曾是我一心一意想做的事，但如今，我每天早上醒來，總有股恐懼油然而生——前提是如果我睡得著。這也是問題。我的工作量驚人，病人來找我時總是怒氣沖沖，因為他們等了好幾個星期才得以看診。我們在候診室有個清楚的告示寫著：一次只能處理一種健康問題，但有些人等了很久，難免想傾訴所有狀況。看診後又要寫一堆文件、開一堆會，我們根本沒有足夠的時間（或金錢）可支配。我好像快被淹沒了，覺得自己不再是醫師。

安妮塔不光承受工作壓力，自己都快生病了，還飽受層層繁文縟節所引發的微創傷之苦。這會導致原本是志業或事業的工作，變成差強人意的差事。我在許多職場上看到這種情況，學術、新聞、法律、工程，族繁不及備載。這種令人心靈匱乏的變化會導致一波工作引發的微創傷，而過去這種情況只會發生在不得不做的事務上。現在的工作多半像在輸送帶上，律師得注意每分每秒，老師得處理一堆文書工作，護理師得在一堆空格上打勾，以證明自己的工作有正當性……例子不勝枚舉，但我想你應該已經理解，或許也覺得和自己的情況類似的令人害怕。

擔心被看穿……

那麼，那些夠好運、依然從充實工作中得到益處的人情況如何？他們的人生一帆風順嗎？嗯……不盡然。事業的特色在於有晉升的機會，例如進一步訓練與升職，通往更高的職位與社會地位，經常也有更多收入。但是事業的發展如同攀爬油膩的桿子，很容易滑下來，可能會對微創傷產生特殊反應，也就是冒牌者症候群。持續不斷地考核（評比）、激烈的競爭與明顯的職場階級，醞釀出完美風暴，讓人覺得自己不夠好，並擔心總有一天會被別人識破。你一定認識那種看起來出類拔萃、超有自信、工作表現優異的人，但他們心中的自我懷疑很可能總是縈繞不去。他們看似完美無瑕，是因擔心有人會發現他們只是勉強應付。或許你就是這種人，這裡的祕密在於，許多人

都有這種感受，但多數人不敢啟齒，因此你也不明白這一點，遂衍生出微創傷。這個問題很大，後續會以完整的章節討論。就算你沒有冒牌者症候群，認識的人之中可能也有這問題，很怕被「發現」。

來自社會的微創傷

讓我們順勢談到更廣大、宏觀的微創傷來源。現代社會有許多好的改變，從身體與心理健康來看，我們**完全不想**回到幾百年前。不過，現代社會也有其他會導致微創傷的元素。如今的全球經濟對許多人來說提高了生活水準，但缺點在於，今日我們不只是和幾百萬人比，而是幾十億人。不必懷疑，這樣很容易讓人無法承受。因此我想要向你保證，書中提供的解決工具，能讓你應付所有微創傷的來源。

拚命滾輪

你心裡是否常冒出「等到……的時候，我就會開心」的念頭？等到多賺點錢、等到升遷、等到找到完美伴侶、等到有小孩的時候……清單就是這樣沒完沒了。

我把這稱為「拚命滾輪」。我們**拚命**追求這些人生成就或里程碑，努力工作、很少停下腳步思考，好像黃金鼠在滾輪上無止盡地跑著。這樣不斷反覆、永無盡頭，會令人精疲力盡，除非我們決定放手，讓焦點從「等到……的時候」回到當下。

　　這並不是說目標不重要，而是錯在認為只要更努力工作，賺更多錢、談戀愛，就是人生勝利組，也以為這些事情就能讓我們開心。消費主義當道的現代社會確實一直在我們耳邊悄悄鼓吹這些保證，我不是批判這種毀滅性環境的第一人，也絕對不是最後一人。在這種環境下，我們的價值通常和財富、個人財產與地位糾纏不清。雖然我們可能無法改變文化，但可透過覺察這種作法對我們思想的影響，以及它如何觸發微創傷。

數位微創傷

　　我們不光生活在實體世界，如今微創傷也發生在整個虛擬世界。網路世界很新穎，有點類似很久以前美國的蠻荒西部，對於什麼是可接受的事，沒那麼多規則與共識；不能對同為人類的他人作出哪些行為型態，也莫衷一是。這個新發展的空間從假訊息大量湧現到資安議題，以及線上霸凌、酸民留言、肉搜、復仇式色情與取消文化，都會讓人經歷微創傷。當然，數位科技進步帶來數不清的好處，但我得強調，對於虛擬世界中可能發生的傷害，我們才剛開始了解。此外，我們的所做所為（包括犯下的愚蠢錯誤）都可能被上傳，並永久保存在網路上，不太有機會既往不咎——這樣的認知會改變存在的本質，使存在成為更令人害怕的狀態。我已數不清多常聽人說：「真慶幸我十幾歲的時候沒有社交媒體！」但事實是，年輕人正學著進入這樣的世界。

容貌焦慮

我又稱此為「牙齒潔白無瑕」的現象，造成無論哪個年齡層的人，都覺得自己不足，有時甚至微不足道。沒錯，這是和社交媒體有關的現象，不限於個別平台。人類會以怪異的方式運用社群軟體，作為不斷比較的來源。研究顯示，即使我們知道照片經過修飾、加了濾鏡甚至變形，但是對自我價值所造成的情感衝擊，就和我們以為那些「完美」圖片未經修片時一樣重大。第六章會深入討論這種趨勢，但一般認為，在全球化的世界，我們會和根本不認識且可能永遠不會相遇的人比較，危害情感健康。

寂寞大流行

如今我們比以前更密切連結，卻從來沒有如此寂寞。在新冠肺炎大流行之前，寂寞與社會孤立的情況已愈來愈常見，疫情更是把許多人推到心理健康危機的邊緣。再度重申：我們是社會性生物。擁有科技雖然是好事，可以在家工作、開好幾個Zoom視訊會議，並透過電子商務度過新冠肺炎大流行的難關，但缺乏實體接觸對許多人來說，也會造成微創傷。

慢性寂寞就和每天抽15支香菸一樣，戕害我們的健康。在新冠肺炎疫情爆發之前，慢性寂寞的主題通常和長者有關，但早在2020年之前，我們就看到許多年輕人出現和寂寞有關的問題。這裡務必要分辨，寂寞是社會孤立的一種症狀，而不是原因。我們不難理解新冠病毒會帶來社交限制，但早在疫情

前，在我們發展出的世界上，就有無數人可能好幾天都見不到另一個人，更別提擁抱，或者拍拍別人的背，給予支持。

再次把鏡頭拉回1950與1960年代，美國心理學家哈利‧哈洛（Harry Harlow）決定把恆河猴的幼猴與母猴分開——唉，那照片令人不捨，但結論很重要，讓我們理解到安慰感多麼不可或缺。哈洛在幼猴的籠子裡放了鐵絲做成的「代理」母猴，並提供食物；或是放一隻以柔軟毛巾布包著的代理母猴。你認為，這些無助的小猴子會被哪一種吸引？答案是後者。即使當時的科學家認為，年幼的哺乳類會和提供食物的照料者發展依附關係。哈洛和同事發現，嬰幼兒有「觸覺慰藉」的生物性需求，才能活下去——牠們和我們一樣，必須要有東西可以碰觸或依附，才能得慰藉。正因如此，對於情感健康而言，Zoom視訊會議無用武之地。

替代性創傷與長久危機

有一種微創傷來自看見別人經歷重大創傷或重大生活事件，稱為替代性創傷。受苦的人可能在千里之外，但你仍感覺得到情感上的傷痛——尤其當這些事件延續了很長一段時間，例如新冠肺炎大流行。你不由自主地看著沒完沒了的新聞頭條，宛如上癮的行為稱為「毀滅捲軸」（doomscrolling）。而在這全天候媒體狂熱的時代，很可能造成替代性創傷。我們似乎也處於「長久危機」（permacrisis）的時代，亦即政治、文化與社會經濟的動盪似乎看不到盡頭。這究竟是現實或只是我

們對這世界的感知，似乎是學術問題，但許多人確實覺得我們正處於長久危機，而這會造成集體創傷。由於很容易得知國際事件，無怪乎許多人說，他們承受不了對於地球未來的憂心，也就是生態焦慮。如果一個人落入了絕望、反烏托邦未來的心態，可能會影響到意念，導致生態憂鬱症，這樣不僅會衝擊到環保行動，還會波及個人生活的各個層面。[6]

微創傷與心理免疫

我常說，即使你曾經歷棘手的微創傷，也可能重新為這些創傷賦予新的定義：以身體免疫系統相比擬，稱為「心理免疫系統」。我們成年時，身體免疫系統除了靠著先天條件，還得仰賴後天免疫。先天免疫已寫在我們的基因內，但需要被開啟與微調，才能對周遭的微生物起反應。正因如此，我們會鼓勵孩子到外頭玩、和其他人互動，孩子偶爾感冒、咳嗽與蟲子侵擾反而能有好處，這些病原體會觸發免疫反應，往後我們就有抗體，對抗更大的威脅。簡言之，我們的免疫系統必須對抗外來的攻擊，調節與適應；如果免除每一種傷害，免疫系統就不夠穩健。

心理免疫系統也一樣。我們都有天生的生存直覺，出生時就已建立壓力反應。不過，那是很粗糙的工具，因此隨著時間，我們會學著以其他的處理機制，通過人生的考驗與磨難。然而，這也只發生在我們的心理免疫系統發動戰爭、對抗威脅

時。比方說，小寶寶被告知「不行」，他們聽到之後可能會覺得苦惱，於是哭泣或鬧脾氣，但如果他們是處於充滿關愛與支援的環境，這經驗會強化心理免疫系統，發展出「情緒抗體」。年紀稍長後，界線就不會令人不快，不會覺得好像受到攻擊，也會學著尊重。以這個孩子為例，如果他無法予取予求，而界線這個心理病原體駐紮在安全有保護的環境，那麼這樣的微創傷便能幫助我們一輩子，不會造成傷害。正因如此，有些人似乎時時做好準備，面對那些所有人都會在某個時間點碰上的重大生活事件。

沒有人能一輩子毫髮無傷，但似乎有人禁得起風吹雨打。每當他們撐過看似難以承受的事件時，不免會有人問：「你怎麼應付得來？」數不清的雜誌文章、傳記，以及電視上的人生故事告訴我們，有人就是承擔著沒說出口的創傷，而不知怎地，他們能夠脫身，沒有崩潰。當你更仔細看這些極為主觀的敘述時會發現，能表現出堅忍不拔的理智角度的，不光是那些經歷過嚴重創傷的人；生活中經歷過許多不那麼嚴重，卻非雞毛蒜皮的心理擦傷與瘀傷的人也是如此。對這些人來說，微創傷經驗就像情感上的抗體，在碰上重大生活事件時予以保護。

微創傷能幫我們對抗情感創傷？

為了對抗嚴重的病毒與病原體，例如麻疹、腮腺炎、德國麻疹，我們會帶孩子去打疫苗，讓他們免疫。疫苗模擬病毒感染，進而起作用：把少量的病原體注入體內，刺激我們的免疫

系統發動反應，發展出抗體；換言之，就是建立些許抵抗力。抗體是我們體內微小的軍隊，會記住每一種入侵者，並發展策略，若日後再遇到相同威脅，就會知道如何對抗。

同樣地，在我們的一生中，若有「小劑量」困境考驗我們，就能當作情感疫苗，建立起重要的因應策略，幫助我們在未來面對更多重大生活事件。正因如此，我認為研究微創傷很重要，因為情感疫苗應該是少量或微量的，就像生理性預防針會模擬病毒，但不至於讓我們真正感染。

情感抗體

通常，我們會因自己的「失敗」而自責，感覺到做錯事或被否定，但是學習把這些「失敗」當作是累積心理免疫力所必須，有助於擺脫對自己的負面感受。把負面事件當作情感疫苗，就能從糟糕的經驗中得到正面的助益，激發情感抗體。

有人把這種在不如意的事情發生後的情況稱為「谷底反彈」——好像人類有如橡皮筋般，有時也稱為「韌性」。不過，韌性的概念不只是毫髮無傷地彈回；相反地，建立強大有韌性的心理免疫力，是要發展出個人化的應付技巧，幫助你處理未來的困境。人生難免碰上困境，例如失去所愛的人、與人交往失敗或者失業；要能在這些風暴中挺住，現在就可以思考微創傷，並透過3A法的覺察，留意這些獨一無二的引爆點，把攻擊變成情感抗體。

接受不代表屈從

在生活中運用3A法時，要懂得辨別接受與屈從之間的差異。許多人會質疑這方法的第二階段，認為是受害者心態，只能消極苦笑，承受生命的挑戰，或是在面對人生困境時乾脆放棄——但這些不是「接受」。「接受」是指我們在世上這趟旅程中要保持開放的心態，願意經歷起伏與好壞，有信心可以通過低谷，並在頂峰真正找到快樂。我們可從右頁表格的例子中看出，接受和屈從並不相同。

透過發展3A法的第二步，接受生命的多樣經驗，就能主動利用微創傷，為自己建立起強大穩健的心理免疫系統。

這件事為何如此重要？

若哪個人沒經歷過接下來幾章談的微創傷類型，也未免太幸運了：這些難題包括完美主義、拖延、難以找到「真愛」、對於人生的意義感到困惑、失眠、情緒性進食與感到憂鬱。

人生本來就不是一片坦途，出現障礙是普世常態。這件事之所以重要，是因為只有了解到自己獨有的微創傷組合、對自己有何影響，這樣才能採取步驟，開啟新頁，寫下自己的故事。換言之，我們可以利用3A法，藉由深刻的接受，從覺察通往行動（這就是成功祕訣！）

說到底，唯有自己才能處理微創傷。本章的例子並不是要

屈從	接受
心理僵化	心理彈性
覺得沒有能力，無法動彈	覺得有能力採取行動
自我評斷與指責	掌控深度的自我同理
匱乏的心態	負責的心態
放棄／屈服	重新調整為採取積極行動
容忍困境	從困境中學習
苦撐	提升技能
避免改變	對改變保持開放心態
抗拒	承認
以批判為導向	以價值為導向

指控、責怪或處在受害者心態；而是察覺到自己在情感與認知上的動力，才能真正改變信念、思維模式與行為。我保證，這麼一來，能讓生活不再受到焦慮、自我懷疑與低度憂鬱症狀所主導。

　　某個案曾對我說：「我會覺得憂鬱，但這不表示我有憂鬱症。」微創傷就是這麼回事，但這種陰暗的內在掙扎會榨乾人生的樂趣，卻沒什麼人能提供幫助。因此，我們得設法以健全的心理免疫系統，通過微創傷的考驗，重見光明。

讓我們開始吧……

坐下來，找個舒服的姿勢（也可穿上溫暖的襪子或任何讓你覺得安全自在的東西），探索幾個關鍵的微創傷問題：

「想想看某事件或經歷，這件事以重要的方式衝擊或改變你，但你認為不足掛齒？」

別急著回答；讓自己安定下來，讓心中浮現畫面。

這樣反思為你帶來什麼？把答案留在心裡，繼續讀這本書時，其重要性會開始從你交錯的記憶濃霧中浮現。

不妨寫下這些反思，會很有幫助。從許多研究得知，情緒書寫與日誌也是一種治療形式，因此接下來每一章，都有關於寫日記的引導。你可以買一本微創傷日誌或筆記本，陪伴你走過這段旅程，也方便回顧在開始任何治療之前，你有何感受與信念，且有助於整個流程。如果你更喜歡純思考，那也可以。別急，慢慢來。

如果這本書有任何地方讓你覺得不自在，就停下來，體會一下——這很重要，非常重要。因為那樣的感受就是你的內在引導，設法給你方向。我們太常忽略這些訊息，或者會以生活中的噪音將其掩蓋，例如忙個不停、分心，或專注於他人需求，犧牲自己。我們在抵達某個目的地之前，會聽從導航發出的提示；這趟旅程也是，我們需要傾聽，盡可能注重內在導航的微小聲音，尤其它說「重新計算中」的時候。在我們開始之前，要知道隨時都可中途停車休息。如果你的身心都吶喊著要

逃跑，這時試著呼吸練習，幫助自己回到駕駛座。

等你舒舒服服地坐在位子上，我們就可以開始透過了解書中的微創傷類型，探看為何你無法真正蓬勃發展的核心問題。我們會採用以解決為焦點的覺察、接受與行動3A法，這麼一來，你得到的收穫就不是在茶水間閒聊能比擬，而會真正改變你的觀點與生活。

呼吸練習：與不自在的感覺共存

這是我使用過最簡單卻最有效的練習。長久以來，我們習慣透過胸腔，緊張地呼吸——檢查看看，自己呼吸時是不是很有壓力：一手擺在胸口，另一手放在腹部，哪一隻手有起伏？如果是在胸口的手，表示你的身體處於有壓力的狀態。這沒什麼好訝異的，畢竟我們才剛開始探索微創傷。不過我們可以透過腹式呼吸，啟動副交感神經系統，改善這情況。

- 首先，找到橫膈膜的位置，一手放在腹部，小指放到肚臍上。此時橫膈膜肌肉應在你的手掌下方。
- 另一手放到胸口。
- 透過鼻子緩慢與穩定呼吸，並數到三，讓吸氣直達尾椎。

- 接下來緩慢穩定吐氣，數到四，並在心裡默念
「平靜」二字。
- 每一次呼吸時，感覺到吸氣讓腹部擴張。
- 吐氣時，感覺到腹部內縮。
- 胸口上的手應該是靜止的。

　　有個不錯的小祕訣：觀察小寶寶如何呼吸。他們還沒有經歷過微創傷、試著擠進緊身牛仔褲，甚至尚未意識到世上不美好的事情，因此會很自然地採用腹式呼吸。看著寶寶圓滾滾的肚子上下起伏，實在很療癒──我們可以從寶寶身上學到很多！

第一章的重點筆記

微創傷會從生活中諸多層面冒出來，也可能緩慢侵蝕我們
的情緒健康。然而，了解這些小小的心理傷口如何影響我
們，以及懸而未解的微創傷所累積的衝擊時，就能利用這
些經驗，透過3A法來打造穩健的心理免疫系統。這種情緒
力量訓練能產生韌性，幫助我們面對更大的挑戰，例如人
生某些時間點都必須面對的重大生活事件。

第二章

從此不必過著快樂的生活⋯⋯

本章探討

〉快樂的定義
〉醫療煤氣燈效應
〉毒性正能量
〉享樂跑步機
〉創造長久滿足感的七大要素

　　看看身邊的朋友、熟面孔，還有社群媒體上的每個人，大家似乎都開心得不得了。看起來笑盈盈，無憂無慮的臉孔，出現在數位世界的每個角落，他們似乎很懂快樂之道。但我想問：你快樂嗎？這問題看似簡單，回答起來可沒那麼容易。當然，這和你特殊的微創傷集結有關。為了揭穿與逆轉印象中的童話，我們先來講個故事⋯⋯

安娜聰明、受歡迎，可說人見人愛，見過她的人都會
打從心裡微笑。她很活潑，樂於助人，與人為善。她
確實是人人都想親近的那種女子，粉紅雙頰散發出正
向的光芒。安娜從不道人長短；乍看之下，她似乎是
個快樂的人。

然而，她就坐在我晤談室略嫌硬的椅子上，比誰都客
氣。安娜向我解釋，她在一間全方位整合行銷公關公
司，擁有一份「精彩美妙」的工作，同事「是最好的
一群人」，還有一群讀書時期的密友，以及毫無保留
給予支援的家庭。她每個月至少會返鄉探望父母一
次，她住在市區的分租公寓，每週都會打電話回家，
感受到雙親的關愛與照料。

我向安娜提出那四個看似無害的字：「妳快樂嗎？」
但這會兒她眼中籠罩著陰影，痛苦似乎開始蔓延，彷
彿長著雀斑的細緻皮膚起了紅疹。

安娜低頭，雙手緊握，悄悄說出：「我不知道。」她
接著說，自己「應該」要快樂，她想要快樂，但就是
不覺得快樂。正因如此，她來找我，好像悶悶不樂的
情緒折騰著內心，她卻一頭霧水，不知所措。

　　表面上，安娜的案例令人摸不著頭緒。她從小到大沒發生過明顯的重大創傷事件，就連探索微創傷時，安娜也堅稱沒什麼大不了的事。她主張自己有完美的童年，什麼都不缺，父母的照料無微不至。說到這裡，安娜微創傷的線索浮現了……

快樂的哲學

　　雖然「快樂學」是心理學理論與研究中相對新穎的領域，但在哲學界已有好些名人探索過，並將好心情分門別類。

　　在哲學中，**享樂主義**是追求快樂與愉悅，人生的主要目標，就是盡可能有更多的時間感到快樂、興奮與無憂無慮。相較之下，**幸福主義**的人生目標是自我實現，我們要努力完成個人的理想抱負，把自己獨一無二的潛能發揮到極致。因此，享樂主義是基於正面感受，例如**當下**的愉悅，幸福主義則是尋找人生的意義與目的。

　　雖然一定會有人想在這兩種想法中選邊站，但大部分的正向心理學家（包括我）都同意，我們缺一不可，如此才能有真正豐富的人生。

3A法的第一步：覺察

接下來我問安娜，她認為快樂是什麼。她回答：「感到快樂的時候，自己就會知道吧？」但這答案著實更像問題，因為她在回答時聲音有點顫抖。正因如此，在踏上3A旅程前先探索快樂的概念，是很好的出發點。

快樂到底是什麼？

在整個心理學領域，曾有一段漫長時間沒人研究何謂快樂。本書談到較不嚴重卻依然會耗損心理健康的諸多情況，都曾受到心理學忽略；正向狀態與情緒在心理學剛成為研究與專業實務領域時的早期階段也一樣不太受到注意。直到1990年代晚期，在心理學家馬丁・賽里格曼（Martin Seligman）倡導下，正向心理學才開始發展，我們也才試著了解快樂等觀念。賽里格曼博士在職涯之初研究「習得性無助」，這是憂鬱症的主要特色。當我發現他的研究轉向時，感到相當驚訝，而他也成為當時心理學中「正向運動」的要角。

但這是有道理的。賽里格曼博士說，以前心理學研究著重在「真正糟糕的事」，[7] 而他後來研究心理健康中一塊失落的拼圖——換言之，就是正向。他就任美國心理學會會長時發表的就職演說相當知名，他告訴聽眾，心理學已偏離改善人們生活的初衷，只顧著「壞的事」，不夠注重「好的事」。

　　這就是安娜經歷到的疑惑——她覺得自己不值得幫助，因為正如賽里格曼所言，沒有明顯的壞事發生。她不認為自己有特定的精神疾病（我百分之百同意），而無論是上網或透過健康照護服務與慈善機構尋找資訊時，都只有嚴重心理健康狀況的相關資料。這也難怪賽里格曼曾強調，我們都太專注於「治療」精神疾病——沒有人討論人類生活中的細膩經驗。沒有人研究快樂，直到相當近期才出現改變。

快樂不就只是一種感覺嗎？

　　正向心理學的早期研究者指出，快樂是「主觀的幸福感」，意指存在著愉快情緒（喜悅、寧靜、自豪、敬畏、愛……等「正向情感」），且有夠高的頻率與強度；不愉悅的情緒或「負面情感」（悲傷、憤怒、挫折、嫉妒）相對少，也牽涉到對生活滿意度的整體感受。然而生活滿意度不只是種感受，而是一個人對生活滿足程度的心理評價，且和所有的評價與感受一樣，會受到一個人的現狀、環境與過往經驗影響。正向與負面情感都會受到諸多因素左右，包括生理與行為特徵，例如飢餓、口渴、夜裡是否睡得好……不勝枚舉！

什麼會讓我們快樂？——快樂的七大要素

隨著正向心理學的範圍日益擴大，愈來愈多研究探討究竟什麼讓我們快樂。於是大家漸漸明白，快樂不僅僅是種感覺，現在的焦點放在為什麼有人快樂、有人不快樂，以及為什麼這問題很重要。

研究人員指出，快樂有七大要素：家庭與親密關係（這是最重要的因素）、財務狀況、工作（和自尊、自重有關）、群體與朋友、健康、個人自由與個人價值。[8]然而你的人生中不光這七大要素，重要的是，這些要素對你個人來說有何重要性。把快樂概念化通常能帶來助益，因為我們能從中看出促成快樂的原因——就是我們能做些什麼，讓自己更快樂。

因此，為了解決某人當下生活的疑惑或不滿，我要先進行簡單的檢視練習，提高3A法中的覺察力。如果你想找到快樂卻所求不得，不妨試試看這項練習。

生活評估表

下頁列出生活中的每個領域，你可能覺得滿意，也可能不滿意。幫每個領域打分數，滿分為十分，分數最高者就是你覺得格外滿意的領域；愈不滿意，分數愈接近零。記住，這裡完全無須評判自己，但可以花點時間，思考你現在對每個範疇的感受。

- 伴侶
- 個人價值觀
- 休閒與嗜好
- 個人自由
- 職業
- 金錢或財務安全感
- 健康
- 朋友與家庭

看看自己的分數。哪些部分引起了你的注意？有沒有令你吃驚的地方？

找出你最高的兩項得分，還有最低的兩項，把這些記下來，並問問自己，為什麼會這樣評分。

花點時間消化自己的答案。不必急著回應——誠實以對最重要。

以安娜為例，她最高分的領域是朋友與家庭，還有個人價值觀，而她給予這兩項最高分數的理由，呼應著她在初次晤談時所說的話。這些發現當然重要，不過，她給予最低分的項目透露出更多訊息，也就是健康與個人自由——後者安娜似乎很不願意承認，甚至羞於啟齒。

顯然在安娜的內心有事糾結，當我們探索為何她的健康範疇這麼低分時，她的微創傷開始浮現……

　　晤談時我們發現，安娜的生活幾乎都投入在工作與家庭，因為這是她個人價值觀的關鍵。但她漸漸發現，要平衡的這些領域很困難。在探索安娜的生活評估，以更深入探討她的微創傷之際，某項經驗的浮現讓我們感到豁然開朗。

　　安娜步入荳蔻年華之時，曾有好一段時間病懨懨。她就醫求診，做血液等檢測，結果都是陰性，於是每位醫師都未進一步診治——她甚至懷疑自己到底有沒有生病，最後還認為是自己想太多（參見第54頁醫療煤氣燈效應）。安娜有一段時間沒上學，覺得自己不僅課業落後，連生活也格格不入。雖然她漸漸改善，仍覺得自己沒趕上，即使客觀來說，她和同儕並駕齊驅。你是否曾夢到自己錯過了公車或火車？你大聲嚷道：「停車！回來！我要搭車！」你拚命跑呀跑，卻心知肚明永遠追不上那班車。安娜有同樣令她反胃的感受，就像巴士已速速駛離的夢。無論她完成什麼，得了多少獎項、升遷多少次，或達成什麼里程碑（更多這方面的討論請見第十章），這夢境似乎一直跟著她。父母雖然擔心她，但很支持她，一再告訴安娜不會有事，只希望她快樂。

　　等到安娜接近20歲、逐漸恢復健康時，她竭盡努力變回生病前的那個人——快樂、無憂無慮的女孩。她終於能符合父母的期望：他們是那麼疼愛她、秉持耐心盡力呵護她。問題是，其實沒有人告訴我們怎麼才會快樂，學校沒有教這個科目，也沒有快樂課程，彷彿每個人本該知道怎樣會快樂。所以在安娜年輕的心中，回歸到十幾歲時夢想的創意工作，似乎是

達到這項成就的最佳方式。

正因如此,安娜每個月探視愛著她的父母時,心中總籠罩著一層陰影——她知道自己每天都讓他們失望,因為她大部分時間並不覺得快樂,只得向他們撒謊,滔滔不絕地訴說自己精彩人生的優點。他們只告訴安娜,希望她能快樂,而這件事無論她怎麼努力,就是無法理解。現在,眼前的安娜覺得自己已達到當年臥病在床時夢想的成就,但她不僅不覺得滿足,在內心深處也明白自己賭上了健康。安娜忽略生命中幾個重要的部分,追求永無止境的快樂,而這下子影響到健康,她彷彿繞了個圈,回到了身體不好卻找不到答案的時光。

在安娜的心中覺得,自己讓支持她度過最黑暗的那段日子的人失望了,因為現在的她不快樂,也沒能維持健康。不過,在覺察階段,千萬不可用健康問題來粉飾安娜的經驗,尤其是診斷病因困難,可能在生活微創傷中扮演重要角色。

聚焦微創傷:醫療煤氣燈效應

「煤氣燈效應」指的是有人暗中操控你,其程度之深,讓你質疑起自己的信念、經驗,甚至是對現實的理解。最常提到煤氣燈效應的是親密關係,屬於高壓控管的型態之一。這是最嚴重的心理虐待,在其他情境下還可再細分,例如醫療。如果醫師不願傾聽病患訴說體驗到的症狀,還把病徵與症狀「心理學化」,

就可能是煤氣燈效應。這現象發生在女性身上的頻率高得多，也是為何諸多僅女性或以女性為主要患者的疾病，得耗上誇張久的時間，並耗費諸多力氣才能得到診斷。舉例來說，子宮內膜異位這種婦科疾病，平均仍要4到11年才能診察出來，而在這段期間，患者感受到的劇烈疼痛與其他症狀，會導致自身及家人生活一片混亂，還包括不可逆的生殖問題。[9]相較於出現相同症狀的男性，由於女性通常較難取信於人，也因為性別偏見，得等候較長的時間才能獲得治療。[10]因此，醫療煤氣燈效應是最具危害的潛在問題，即使是可以治療的疾病，往往也找不到人協助，只得默默承受。

　　讀到這裡，我們理解到微創傷如何隨著時間慢慢累積，以及我們很難精準描述生活的不滿，或不快樂的感覺。在安娜的例子中，她意外透露的端倪讓情況有了頭緒。她曾經歷「醫療煤氣燈效應」不僅影響她對自己身體認知的信心，甚至破壞了自己對生活其他方面的信心。正如微創傷向來都有的情況，安娜並不覺得自己經歷到的事嚴重到有必要引起別人注意，但她苦苦尋求診斷結果，反而讓她覺得生病是自己的錯。安娜設法隱藏這羞恥感，藉由光鮮亮麗的創意職涯，鍍上快樂的外層，只是這表層漸漸失去光澤，因為這是有毒的正能量。

聚焦微創傷：毒性正能量的詛咒

毒性正能量是一種信念，認為無論情況如何，我們都該秉持樂觀正向的心態。以日常生活為例，就是無論你經歷什麼事，別人都會說「要保持樂觀！」「抬頭挺胸！」「看光明的那一面！」雖然快樂與其他正向狀態（樂觀）有益健康，但這會讓他人或我們自己羞於訴說經歷到的考驗，反而有害心理健康。

然而，毒性正能量通常不是刻意帶著惡意；而是在看見他人面對人生的挑戰時，許多人並不知道如何給予安慰與支持。我們以為告訴所愛的人明天會更好、讓他們安心能有幫助，但這只會讓人覺得自己被無視，因而更感孤立。雖然人有時不得不面對不舒服的感受，但要接受並不容易；此外，看到在乎的人在情緒上受苦，我們也很難過。

然而，把悲傷痛苦放到一旁置之不理，並不是解決之道。毒性正能量之所以有害，是因為讓人不去處理自己遭逢的經驗，因此無法調節自己的情緒。毒性正能量會讓人感到困惑，有候會以憤怒的情緒冒出，卻不知道這股憤怒來自何處。然而，這還不算什麼，在最嚴重的情況下，會導致人提高戒心，或是因羞恥而不敢公開坦承說出自己的感受與經驗。這可能伴隨著焦慮與孤立感，成為一種微創傷的型態。

因此，下回有人向你傾吐難過的經驗或感受時，可別跟對方說：「喔，睡一覺就會好多了！」而是要傾聽。只要聽對方說就好，不必給予建議，也不用設法說些讓人感覺比較好的話——只需要真誠傾聽。我們或多或少已失去了傾聽的藝術，所以要好好練習。當朋友或所愛的人對你敞開心扉時，你可能會發現自己的思緒奔騰，拿捏該如何回答。如果發生這情況，記得輕輕把你的心思拉回對話，和你愛的人同在。這樣的幫助遠勝過強調正向心態的重要性，避免給出善意卻欠缺考量的引導。

3A法的第二步：接受

我們已開始連接起微創傷之間的點，覺察為何我們較為重視生活中的某些領域、犧牲其他領域，此時通常會變得比較平靜，不那麼容易抓狂——若對情感世界更了解，就沒必要時時掛著一張快樂面具。這是個好的開始，可前往3A法的下個階段——「接受」新發現的覺察。

生活圖表

　　進行3A法時，我最重視簡單的視覺技巧，也就是以簡易的作法來處理生活中對立的力量，方法是把這些力量畫出來，彼此對照。首先，找出你生活評估表中分數最高與最低的領域；以安娜來說，是工作與健康。把這些區域的目前狀況，在X軸與Y軸之間畫點。對安娜來說，她的工作量很高、健康狀況差，呈現如右圖的三角形位置。你可以畫另一張空白圖表，比較不同生活領域之間的關係，比方說健康與工作（或工作量）。本書中的所有練習都需要你的誠實與坦然，正如下文提到，安娜已能坦然表示，工作量最高的時候，健康開始走下坡。接下來，試著移動這些標示點，看看這些區塊的關係如何變化。以右圖的加號來說，如果安娜減少工作量，健康說不定會改善。安娜終究會想起以前工作量少的時候，那時健康狀況最好（圖上的星號）。在自己的圖表上也標示出幾個點，看看改變某個生活領域的量會如何影響另一個區域。安娜發現在工作量與健康之間有清楚的線性（直線）關係，但對許多人來說，這關係可能看起來像U形曲線，也就是兩個生活區塊中有個甜蜜點。換言之，別擔心你的圖表看起來和這個範例不同，我們在這個階段要朝著「接受」邁進。

　　現在，安娜逐漸明白幾件事，也學著接受：①只注重事業會危及她的健康，以及②或許「快樂」這個目標，並不像原本以為的那麼好。

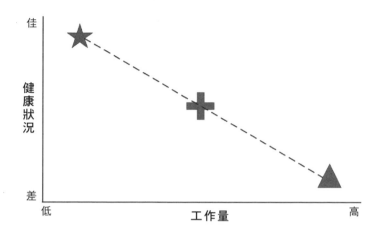

佳

健康狀況

差

低　　　　　工作量　　　　高

圖2.1：生活圖表

　　你在自己的生活圖表中發現什麼？哪個領域凌駕另一領域而導致整體生活品質變差？我的個案克麗歐覺得這個練習令人難受，因為圖表顯示她把絕大部分的時間、精力與資源投入到家庭，而現在孩子大了，不再那麼需要她，這下子她發現自己生活中的其他領域很匱乏。克麗歐不會為了這個世界改變自己的親職風格，但要她接受在忙得團團轉的育兒過程中失去自己的事實，卻不太容易。這種情感與心理練習可能很不好受，如果我們探索的技巧深深打擊你的話，就暫停一下，進行第一章的呼吸練習。

只想要快樂，有什麼問題？

無論走到哪裡，都會聽到有人說：「我只希望你能快樂。」這句話聽起來似乎沒有惡意，甚至充滿溫馨關懷，彷彿能給予支持。然而，這句話可能是現代最有傷害性的情感之一。雖然我這樣說可能讓有些人感到困惑，但只希望別人（或自己）開心，有很大的問題。這就像對小孩說：「我希望你去抓隻漂亮又精緻的蝴蝶，放到罐子裡，永遠保留牠。」

雖然這種蝴蝶確實存在（這邊不是指稀有物種，而是常見的有翅昆蟲），你也可能抓得到一隻蝴蝶並放進罐子，但牠活不了多久，於是當你沒有蝴蝶，但你愛的人卻一直跟你說，世上最美好的事情是擁有一隻蝴蝶。

想要隨時開開心心，可能會變成一種微創傷，會讓人一輩子覺得自己不夠好。如果父母希望你能抓住永遠不可能保留的東西，你一定是徹頭徹尾的魯蛇，對吧？

嗯，當然不是。正因如此，我們必須了解快樂究竟怎麼發揮功用。

享樂跑步機

享樂適應的理論[11]也稱為享樂跑步機（hedonic tread-mill），談的就是試圖抓住那隻蝴蝶。有些人會說，那是在追逐彩虹，這說法不太正確，因為你在享樂跑步機上可以感受到快樂，也就是抓到了蝴蝶；但如果你追逐彩虹，你無法真的把七彩幻象握在手裡。快樂不是幻覺，那是真實的體驗，但是享

樂適應法指出，在我們享受了短暫的強烈喜悅之後，會回歸到快樂的基礎水平。不僅如此，我們會漸漸適應出自相同來源的快樂，久了之後，那股快樂就會褪去。

探討這件事的研究相當精彩，包括人們在歷經極大的幸運，以及極大的傷痛事件之後，快樂水平會發生什麼變化。研究發現，中了樂透一年後，中獎者平均而言只比發橫財之前的生活滿意度略微提高——有時甚至更不快樂，說希望自己沒贏得這筆獎金。另一方面，那些曾遭逢重大意外，成為半身不遂或四肢癱瘓的人說，快樂程度只比同儕略低。[12]

這也說明了關於快樂的另一項祕密：我們通常會高估有利與不利的事件或生活變動對我們造成的感受，這稱為影響力偏誤，也就是我們認為會帶來快樂的事情，的確能大幅提高我們的快樂，但並沒有我們想像的那麼多、那麼長久。同樣地，我們恐懼的情況，或許也沒想像的那麼嚴重。還有另一個祕密，我想與你分享……

我們本來就不必時時快樂

暫停一下，好好思考這件事情：我們本來就不必時時感到快樂。

但我們當然是該快樂，對吧？如果不是，又何必活著？聽起來或許無趣，但我們只要能活得夠久，讓人類可以繁衍，種族繼續存在就好。這種想法乍聽之下似乎是個失敗主義者的講法，但我認為，這樣想其實能讓人擺脫桎梏。因為一旦鬆開想

要時時開心的渴望，就能活得真誠，活在當下。這麼一來，能營造出一種生活，以心平靜氣與深刻滿足為常態，不再只是跌宕起伏的享樂跑步機。

快樂搖錢樹

全球幸福感產業提倡正向與積極思考，有各式各樣讓你更快樂的課程與產品，還有無數的身心實踐，現在價值好幾兆美元 —— 這數目可是100萬的百萬倍。那一大堆花言巧語，吞噬我們辛苦賺來的積蓄。在某方面來看，幸福感產業是美容產業更政治正確的新面貌，它採用的是相同的心理花招，讓我們更常回購，行銷重點是，我們應該要快樂——時時快樂。

為何能以「幸福感」衍生出這麼多名目，正是因為我們原本的設定就不是時刻保持快樂，因此這肯定是徒勞的追求。人生宛如一場勇敢遠征，過程中，一直有人告訴我們要保持快樂，如果不行，一定是我們出了根本上的問題，需要好好修補。

我們想要快樂，那些純粹幸福的短暫時光實在美好，但這種時光實在屈指可數，正因如此，好好體會每一次喜悅的當下才是最重要的。

3A法的第三步：行動

欣賞快樂與其他正向情感瞬間即逝的時光，同時努力於長期平衡七大要素（家庭與親密關係、財務狀況、工作、群體與朋友、健康、個人自由與個人價值），以產生永久的滿足感。

點亮生活的快速祕訣

在生活中添加小小的快樂時光，能讓你更有幸福感，同時接受我們需體驗人類的所有喜怒哀樂，才能有完整的人生（下章會進一步說明）。以下提供簡易作法，讓你提振心情，但不必陷入享樂跑步機的循環：

幫自己做個讚美瓶：找個空瓶子，每當有人讚美你，就把它寫在紙條上，放進屬於你個人的讚美瓶。也可以寫下你喜歡自己的優點（我知道這不容易，但愈練習會愈簡單），或詢問你愛的人，請他們說說你的優點，並把這些優點放進瓶子裡。也可以寫下小小的成就——不必是豐功偉業，最好專注在一些小事，例如完成一件藝術作品，或耐心回覆一封惱人的電郵！往後你需要提振心情時，閉上眼，從瓶子裡抽出一個讚美，這樣能掃除陰霾，建立自信。

微笑：對，就是這麼簡單！甚至不必發自內心的笑容，就能反轉愁眉苦臉，創造正面效益。美國堪薩斯

大學的研究人員發現，就算是刻意裝出的笑容，也會讓你覺得好些。[13] 但是真誠的笑容提升情緒的效果較好，而我發現，要綻放真心的笑容，最好的辦法就是讓別人微笑。法國神經學家紀雍－本亞明－亞蒙·杜鄉（Guillaume-Benjamin-Amand Duchenne）發現，真誠的微笑（稱為「杜鄉的微笑」）會動用眼周與嘴巴附近的肌肉，然而禮貌性的微笑只會改變嘴的形狀。所以，給自己一個挑戰，讓別人露出發自真心的杜鄉微笑，點燃你自己和別人的快樂瞬間。

抬頭挺胸：花點時間，想想人們在開心的時候，身體姿勢看起來如何？他們如何站立？展現什麼姿勢？換言之，就是他們的姿態。什麼模樣？或許是挺胸、打直腰桿、抬頭迎向世界？現在，把這和正經歷不快情緒的人比較一下：他們或許彎腰駝背，散發出封閉之感，難以親近。常聽人說，身體會跟著心靈走，但這其實是雙向的──改變姿勢與身體語言，能直接影響到我們的感受。下次覺得需要提振心情時，就複製快樂的姿勢吧！[14]

讓滿足感更長久的處方

為了讓個人幸福感能持續，我們可回歸到本章前面談過的生活評估表。好好處理你生活中匱乏的領域，或許就能從享樂

當下的快樂經驗，轉變為更深刻的自我實現，進入幸福的境界（參見第51頁的生活評估表）。檢視自己的得分：

- 哪個領域是你覺得有動力去處理的？
- 你為什麼選擇這個領域？
- 對你來說，這個領域的滿分代表什麼？
- 如果分數很低，做些什麼能把分數提高兩分？

在經過3A法的前兩個階段——覺察與接受之後，動機會最強烈。正因如此，循序漸進很重要。改變人生是需要努力的，你現在擁有知識，也懂得善待自己與自我支持，能鎖定生活評估表中需要一點溫柔呵護的區域。在最後一個階段，微創傷不再有那麼大的影響，安娜提出以下列行動，讓生活中匱乏的健康區塊，從三分提升到五分：

- 對家人坦承自己的生活狀況——有美好快樂的時刻，但工作也有辛苦、面臨挑戰的時刻。
- 無論是工作或家庭，都要控管討好別人的傾向。
- 平日要安排休息時間，偶爾在午休時出去走走。

後文有更多關於平衡這七大領域的建議，讓你邁向更滿足的人生。

心理師梅格博士的日記提示
如何常保滿足

1. 每天在日記中寫下三件日常生活中的小事,這些事情能讓你感到喜悅。

2. 在日常生活中,自我照顧的優先順序為何?如果答案是「我沒有把自我照顧排在前面」,請寫下三個對自己好的簡單行動。

3. 什麼事情讓你覺得有活力,得到啟發與動力?

第二章的重點筆記

想時時保持快樂，就像遇熱就融化的「巧克力茶壺」一樣
沒用，但我們不需仰賴沒完沒了的享樂跑步機，就能發展
出更深刻的幸福感。藉由平衡生活中對我們重要的領域，
就不需要仰賴享樂式的短暫快樂，反而能打造出堅固的滿
足基礎，建立長遠的情感生活。

第三章

安於麻木感

我們三不五時就聽到「憂鬱症」一詞，彷彿這三字能說明問題與解決方法，以及有關的一切。憂鬱症人口逐年增加，沒有放緩的趨勢，多數人不會經歷到這種可診斷出的心理疾病，但我們仍會飽受情感疏離之苦，這多半肇因於微創傷。本章我們一起來探索為何人會安於麻木感，以及如何掙脫麻木狀態的枷鎖。

某天，一名男子走進唔談室，只見他雙肩垮下，眼睛盯著地板，聲音有氣無力。

他叫諾亞，他說自己並不想來到這裡，只是……

我和一位老友喝酒，他告訴我，我得做點什麼。他
說，我們這次喝酒好尷尬，他好像跟陌生人同坐——
願上天庇佑他，他還真直白地說出很擔心我。所以我
來了，只是我不知道還有什麼要跟妳說。

有些人來到我的診間時，還沒打招呼就開始講話，滔滔不
絕，直到一小時過去的鈴聲響起。但也有人會覺得很難以描述
自己的經歷——諾亞就是這種人。不過，諾亞的確在某個安靜
的時刻說道（也就是完成許多療程的時刻）：「你認為我有憂
鬱症，但我沒有。我太聰明了，不會有憂鬱症。」

我們就是在這樣的狀況下一起踏上旅程。過去五到十年除
了心理健康的話題還是被汙名化之外，科學家處理了許多心理
健康的問題，但還有很長的路要走——顯然諾亞可以說出自己
不是什麼情況，但仍無法以有意義的方式，辨識出他所經歷到
的情緒。

我們又這樣坐著好一會兒，最後諾亞說，他感到「麻
木」——他已對生活無感很久，找不到任何辦法來描述。

什麼是憂鬱症？

生而為人，有時覺得心情鬱卒乃人之常情。事實上，比起正面情緒，我們更容易體會到負面情緒。從演化觀點來說，這是因為人類得盡可能注意到最糟的狀況，才能生存。即使對人類而言，如今的生活已比古時候安全多了，大腦仍尚未擺脫負面的設定。這麼一來，該怎麼分辨「屹耳」*的感受是否嚴重到需要治療，例如臨床上的憂鬱症呢？如果感覺到下列跡象，可能有潛在的憂鬱症，而不只是微創傷。過去兩週的你：

- 大部分時間覺得悲傷、空虛或無望。
- 對於原本喜歡的日常活動失去興趣。
- 無法入睡或睡太久，白天也不例外。
- 感覺到疲憊，精神不如平時旺盛。
- 若非完全不想吃飯，就是吃得比平常還多，因此每個月體重增加或減少5%。
- 覺得自己不成材，讓自己或別人失望。
- 即使是看一般電視節目這麼簡單的事，也覺得很難專注。
- 覺得煩躁不安，或恰恰相反——行動和言語比平時都慢。
- 曾有自殺念頭，或反覆思考死亡，無論是否有自殺企圖。

• 因為以上症狀而難以執行日常活動與義務，如
工作、學業，家庭角色。

高功能憂鬱症

你也許會發現，有些上述症狀熟悉的令人害怕，
但也不像最後一項所說，阻礙正常生活，這可能是
「高功能憂鬱症」的表徵，這種心理健康的表現往往
無法被診斷出來，或容易誤診。通常會被診斷為憂鬱
症，可能來自家庭、朋友方面出現了可察覺的困境，
也可能不容易維持工作表現，且無法輕鬆參與熱愛的
興趣與運動。換言之，你或許內在承受著痛苦，但外
在卻好端端的。無論如何，能夠繼續生活的能力，並
不代表憂鬱症較不嚴重，但確實更不容易辨識出來。
如果你發現「日常的活動」（我們常這樣稱呼）很吃
力，也經歷本章所列出的其他症狀，請務必尋求協
助。人們很常在紙牌屋開始倒塌、生活失去平衡時，
才會想到可能是心理健康出問題，如能更早介入確實
能改善憂鬱症的症狀，無論是否為「高功能」。我明
白說的比做的容易，但有需要請務必向外求援；外頭
有準備好接住你的雙臂，避免你跌落谷底。

* 譯註：Eeyore，小熊維尼的驢子
朋友，生性悲觀。

　　諸如憂鬱症之類的心理問題相當常見，就算你從未親身經歷，也很可能認識有這類問題的人。但……如果你經常覺得很糟，即使不是時時刻刻如此，也需要進一步認識微創傷，以及情緒識讀力。

3A法第一步：覺察

　　雖然諾亞不符合憂鬱症的標準，但他確實在微創傷的麻木中掙扎，因此我們必須從3A法的第一步覺察開始。引言中提到，心理健康與精神疾病之間有很大的差距，但是在常規醫學中，通常只治療最嚴重的案例，導致許多沒能過得神采奕奕的人，無法獲得專業協助——我無法接受這情況，因為我們都值得擁有朝氣蓬勃而非奄奄一息的人生。

　　萎靡不振這個話題，在新冠肺炎疫情爆發的第一年很流行，但在正向心理學的領域已有多年研究。觀察下方演變圖，我們不僅能看出心理健全與疾病之間的差異，也能看出不同的心理狀態。[15]

圖3.1：心理健康的演變圖

　　諾亞與我一起探討這張圖，我請他明確指出自己當下經歷何種生活狀態，他說介於萎靡不振與順水推舟，不過他還是能維持正常生活：每天上班、讓自己溫飽等，只是當朋友說他像來自低成本的殭屍電影時，這話宛如一記警鐘。他承認，他從來沒這樣思考過心理健康。就在這時，我提出微創傷的問題，揭露諾亞的微創傷集結。

　　諾亞認為討論自己的情感很難受，因此要探究他的微創傷，較緩和的方式是把焦點放在生活的實際層面。諾亞透露自己想找個伴侶，卻認為在酒吧或上班時與某人相遇並不可行，即使那曾是大家經常遇見對象的地方。於是，他決定嘗試線上交友。

微創傷脈絡浮現

　　他抱著很高的期待，並認為這樣至少可避免公開遭拒絕的尷尬場面。「我錯得離譜。我不是在鎮上一晚被拒絕一次，而是在**一天內**被拒絕十次以上。」由於網路上的潛在約會對象很多，因此他認為多點選幾次，更有機會找到真命天女，豈料最後招來無盡的拒絕。一開始雖然令人振奮，畢竟他在自己或朋友的社交圈中找不到交往對象，但諾亞說過了一陣子之後，他覺得非常沮喪。我問他有沒有把這個經驗與朋友分享——「當然沒有，他會笑掉大牙！」看來除了網路交友的微創傷，這也是諾亞麻木的重要線索。

聚焦微創傷：交友網站的可怕現象

交友軟體把人類求愛的過程，簡化為「手指滑動配對」——雖然對有些人來說，這樣是可行的，但對許多人而言，這種只講究外表的過程，會錯過與戀愛對象相遇時所有細微、複雜與多面向的特色。我們在酒館或工作場合遇見某人時，會有幾秒的時間評估，也有機會與他們互動。他們可能幽默風趣，和你一樣極度熱愛《星際大戰》的幕後故事，或者你可以從對方的眼神中，看到濾鏡軟體無法捕捉的細節。線上交友軟體不僅把追求的過程精簡到剩下基本要素，而且是以很粗暴的方式完成——通常會讓人缺乏安全感，留下滿腦子社交媒體的負能量，並顯現憂鬱症的部分症狀。

說不出的感受

諾亞和他的朋友顯然關係匪淺，但為何他很難分享自己的感受？許多人從小就被告誡「別大驚小怪」、「乖乖就好」、「哭也沒用！」，或者更糟糕的說法：「拿出男子氣概！」從某方面來看，如果孩子沒有明顯理由就大發脾氣，那麼行為調整是有用的，但這種說法若連結到「感受與表達負面情緒是可恥

的」，微創傷就成形了。另一位個案莉莉也提到，她母親曾經歷重鬱症，因此她在童年時，有很長一段時間設法「讓媽媽更好一點」——這當然是緣木求魚，她害怕把較為陰暗的想法或感受告訴任何人，即使成年了也一樣。從這兩名個案來看，微創傷的壓痕早在童年生活中出現，家人強調要堅忍克制，要孩子保持冷靜，繼續前進、抬頭挺胸、昂首闊步……要求多得不及備載，除此之外一概不接受。

我們在此暫停一下。想想看，情緒或許本質上並沒有「好」或「不好」；相對地，所有的感覺都是能帶來幫助的資訊。若照護者能感知到這一點，並協助我們明白，那情況會如何？這麼一來，他們的照料方式以及日後對我們生活的影響，會不會有所不同？每個人都有生氣、悲傷或挫折的時候，如果我們不隱藏這些情緒，而是學習以健康靈活的方式來處理，結果會如何？是圓滿的人生或時時失望的人生，訣竅就在於我們如何管控這些情緒——不是排擠「不好的」感覺。

在極端例子中會導致「情緒盲」，也就是不容易明確指出自己的感受，醫學臨床上稱之為述情障礙（alexithymia）。述情障礙向來與上述童年與青少年時期的情感衝撞有關，也有少數人是因額葉腦傷。有些述情障礙的患者能認出正面的情緒，負面情緒對他們而言則是個謎；還有些人是千篇一律的情緒盲。但整體來說，大部分的人可以描述很強烈的情感，不易辨識較細微低調的情緒，而這就是我說的「情緒識讀力」，這項能力很重要，若能熟稔情緒語彙，有助於度過微創傷，讓生活

過得更有意義。

如果從來沒有人教過你如何討論感受，或像是諾亞的情況，會主動克制表達感受，就很難跨越微創傷。的確，諾亞表示很難談論情緒——「你知道，男人才不講這種事。」這也和他的微創傷有關。

聚焦微創傷：有毒的男子氣概

雖然現在已經有以男性為主要對象的心理諮詢服務，但男性和某人談談他們的困境等尋求幫助的行為，仍比其他族群的比例低很多。有毒的男子氣概就是重視強烈的男性特質，例如堅強、絕不落淚，不僅存在於許多文化中，甚至備受推崇。事實上，這情況愈來愈嚴重——只要看看電影、音樂與社交媒體貼文等文化媒介，就能輕易看出這一點，雖然何謂男性的意義如今已有較細膩的詮釋，但卡通化的「男性特質」仍屢見不鮮，而這種社會風氣會影響求助行為。[16]正因如此，有毒的男子氣概會引發微創傷的作用，讓男性很難和別人談論他們的親身經驗與感受，甚至無法體認某些情緒。

3A法的第二步：接受

　　對許多人來說，要把感受言語化相當棘手。我們的情緒識讀力可能很低，因此依照以下的練習，以非語言的方式來探索情緒相當有幫助。要正面處理情緒或許很難，以下作法會是不錯的起點。如果你覺得快承受不住某種感覺，無論一般人認為那是正向或負面感受，都不妨試試。

情緒似顏繪

　　你是否曾在度假時，讓人幫你畫誇張的漫畫肖像？略不整齊的暴牙露出來，看起來呆模呆樣，細細毛躁的頭髮被畫得好像你把手伸進通電的插座？畫畫非我所長，但是這種練習總讓我想起在度假時總會花大錢找樂子，以及放大某種情緒特徵，並把這種難以言語的情緒變得生動。

　　首先，想想最近一次經歷的強烈「正向」情緒。大家對於感覺的表現都不同，因此沒有對錯——重點是你感覺到了什麼，並把它畫下來。

- 找張紙，簡單描繪身體輪廓。

- 探索這個情緒位於你身體的何處，把它畫下來。

- 這情緒看起來如何？輪廓是尖刺或柔軟？

- 這情緒是什麼顏色？火辣的紅色還是深藍色？

- 身體裡的情緒朝哪前進？向外或朝內？向上或向下？

- 這情緒的溫度如何？不冷不熱或是溫暖、滾燙或冰冷？
- 這情緒的移動速度為何？快或慢？
- 現在，以同樣的方式，但是把主角改成負面的情緒。
- 觀察這兩個畫面的差異。
- 接著調整顏色、形狀等，比較兩張圖給人的感覺。

一般來說，你畫的圖會顯示出情感在許多方面都很不同。我們稱之為「次感元」，一旦找出來，就能加以調整——把它當成相機鏡頭的焦距，你可以控制遠近。回頭看看你畫的圖，並改變其溫度、速度、顏色等，現在你感覺如何？你也可以利用聽覺，想像和情緒有關的聲音與音量，並調高或降低其音量、音調與節奏。

對諾亞或莉莉來說，運用這項練習能幫助他們踏出試探性步伐，提高情緒識讀力。「空無感」、自我信念與經驗會影響我們對世界的感知，而在把這感知與察覺之間作出連結的早期階段，耐心與善待自己無比重要。隨著歲月流轉，你也會開始看出某些信念若強化，會將你的熱情逐漸燃燒殆盡，最後只剩麻木的虛空。

情緒群系的多樣性

情緒識讀力低是相當普遍的現象，這會帶來傷害，因為身為人類，我們需要經歷與表達各式各樣的情緒——而且要毫無

條件地接受，知道自己的感受是「沒問題」的。我喜歡以腸道微生物群系（microbiome）來比擬，這幾年我們對肚子裡的生物群愈來愈在乎，會以益生菌、泡菜及五花八門的發酵食物來餵養它們（也可能光說不做，仍固執地大啖巧克力）。研究人員、科學家與電視上的醫生都告訴我們，多吃自製克非爾優格與德國酸菜，能增強腸道免疫系統，讓多元的微小有機體能繁榮生長。

我們需要這些小東西，而這些小東西也需要我們。專家過去認為腸道細菌分為「好的」與「壞的」，但我們漸漸了解，腸道中並沒有壞東西。相對地，每個人的腸道都是獨特的，如果這微小世界出了狀況，健康就會出問題。我們的情緒微宇宙（我稱為情緒群系）也差不多，允許自己經歷各式各樣的感受，就能回饋情緒群系，讓「好」與「壞」和諧共存。

情緒是什麼顏色，端視於你如何看待。你的舊情人傳來的簡訊，可能觸發火紅色的挫折感，但如果看看這種紅色感覺的光芒多麼明亮，反而有所幫助。憤怒、羨慕、悲傷往往被醜化，卻是正常且必須的情緒反應。若是忽視或埋藏起來，就像走在火車鐵軌上一樣危險，因為即使令人不舒服的情緒也是在提醒我們該注意什麼。記住，情緒只是訊息，如果我們暫停下來，好好傾聽，或許就能獲得通往未來的地圖，自我也會更踏實。否則，我們會成為休眠火山──表面平靜，但如果被創傷觸發，就會因為無法控制的憤怒而沸騰。所以容我大聲疾呼：沒有所謂的「壞」情緒。了解情緒群系，正如我們了解腸道微

生物群系的多樣性，是情緒健康與素養的關鍵。我們需要情緒保持多樣性，就像身體需要數兆個住在我們腸子裡的有機體。

表情符號遊戲

為了進一步培養情緒識讀力，避免自己安於麻木感，錯過生命精彩之處，接下來的練習可以在任何地方用手機進行。

首先，打開你最常和別人溝通的手機應用程式：簡訊、WhatsApp、Facebook……都可以。看看你最常使用的表情符號——通常是第一個出現的。問問自己：

- 這個表情符號對你而言有什麼意義？
- 你上一次真正經驗到這種情緒是何時？
- 花點時間，確認自己的狀態。這個練習比你以為的更挑戰你的情緒。感覺你的感受，以腹部深呼吸（參見第一章），知道自己不會有事。
- 如果這是讓你感覺不錯的情緒，就探索與思考你可以做些什麼，把更多這種感受帶進生活。
- 如果是讓人較不愉快的情緒，則探索上一回你有這種感受時，身處何種環境與脈絡，以及遇見什麼人。

這簡單的遊戲可幫助你從覺察階段前進到接受階段。你可能體認到，在現實世界中，你描繪的自我和你的情緒微宇宙之間有落差。重要的是，在接受階段毋需評判或責備，且你剛理

解到社會與早期人生經驗的教育，很可能要你時時克制自己的感受。你當然不是唯一情緒麻木的人，如果你仍承受著微創傷的麻木，則要留給自己多一點耐心。這是個學習過程，可能要花點時間，才能讓你的情緒群系更多元。正因如此，我很希望從小一進入學校就能學習情緒識讀直到畢業，因為這是每個人都該擁有的重要生活技能。

關於情緒的詞彙

然而在求學階段，我們很少學到情緒識讀力。在部分文化中甚至沒有足夠多樣的文字，涵蓋人類情緒群系的範圍。以英語為首要語言的國家來說，選擇少得可憐。即使英文已比其他語言有更多單字，但在談到情緒與關係的詞彙上，英文是相當不靈光的工具。[17]其他語言有數以百計的片語，相當生動精準。以下列出一些例子：

單字	來源	意義
Kanyininpa	賓土比語（Pintupi，澳洲原住民）	照顧者與接受照顧者之間的關係，類似父母對孩子的深刻養育之感。
Asabiyyah	阿拉伯語	團體精神。
Bazodee	克里奧語（千里達）	樂得頭暈目眩，有時用在戀愛的情境。

單字	來源	意義
Fjaka	克羅埃西亞語	身心深刻的放鬆狀態，或是「無所事事的甜美」與「白日夢狀態」。
Krasosmutněn	捷克語	美麗的哀愁，或是「喜悅地憂鬱著」的狀態。
Arbejdsglæde	丹麥語	來自工作的快樂、愉悅或滿足感。
Gezellig	荷蘭文	與他人分享經歷時有關的舒適、友善、慰藉、親密感。
Myotahapea	芬蘭文	間接尷尬、感覺畏縮。
Suaimhneas croi	蓋爾文	內心平靜，例如完成一天工作之時。
Sitzfleisch	德語	通過困難或單調乏味的任務時，能保持堅毅的能力，是耐久力的一種。
Vacilando	希臘文	閒晃的想法，旅行的經驗比目的地還要重要。
Firgun	希伯來文	對於他人的成就或發生在他們身上好事，誠摯感到快樂與為他們驕傲。
Jugaad	印度語（盛行於印度北部）	在資源有限的情況下，較彈性地解決問題——將就一下。
Iktsuarpok	因紐特文	等待時引領期盼，不斷張望或查看那人是否抵達。

單字	來源	意義
Sprezzatura	義大利文	刻意裝出不關心或隱藏知情，但這漠然其實是刻意表現出來的。
仲間	日文	親如家人的密友。
Sarang	韓文	生死與共的愛。
心如止水	華文	內心平靜，沒有雜念。
Desenrascanco	葡萄牙文	腦筋動得快，優雅擺脫麻煩的情況。
Mudita	梵文	藉由同理他人的喜悅，間接獲得快樂。
Vemod	瑞典文	某件對你來說很重要的事情已經結束，永遠無法再重來，而你感到淡淡的悲傷。
Kilig	他加祿語（南島語系）	與你喜歡的人互動時感覺緊張（未必與戀愛相關）。

　　語言會形塑我們對這世界的理解與感知，因此在處理微創傷時，擁有詞彙這項工具來表達人類五花八門的情感，會大有幫助。學習更多的文字與詞彙很有用，但如果你的主要語言缺乏情感多樣性，不妨利用其他創意管道，例如藝術與音樂，滋養情緒群系。

3A法的第三步：行動

我在諮詢過程中發揮心理學的功用，以個案為中心，講求實際行動。我的目標並不是在一夜之間成為幫情緒傳福音的人，而是協助人們從萎靡與麻木中甦醒，永遠不再載浮載沉。一般人常會覺得要表達情緒很困難，因為我們生活的環境中，微創傷教我們要壓抑，因此談話治療很難從零開始。在3A法的行動階段，我們會探索更多非語言的練習，滋養你的情緒群系。當然，你也可以依照自己的意願，決定是否需要找治療師，以及何時尋找。

情感播放清單

歌曲能點燃我們的情緒反應，打動我們的心。無論音樂的類型為何，能貼近內心的樂曲都能引發強烈的情感——至少那些不錯的曲調是如此！如果音樂讓你覺得超越言語，那就安排一份情感播放清單吧。別只納入喜愛的歌曲，而是要能讓你感受到各種情緒的曲目。

參考右頁的轉盤，為每首曲子選擇至少一種主要情緒，也可以沿用表情符號遊戲的步驟，這樣能強化情緒識讀力。一旦開始覺察與拓展情緒群系，能更有效掌控生命無可避免的起起落落，強化心理免疫系統。

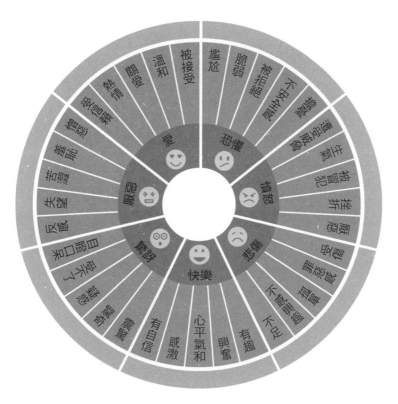

圖3.2：情感轉盤

利用懷舊的力量，改善情緒群落

感覺麻木時，會失去對時間與空間的感知。要控制這些感覺，並培養情緒群系的方法之一，就是看看人生的後照鏡。研究顯示，觸動懷舊之感，能強化社會連結，也能提高正向的自尊，增加快樂感。[18]懷舊感可以保護我們在未來不陷入陣陣憂

鬱，因為我們通常能在懷舊中找到安慰，尤其是在有挑戰的情境。這些回憶能讓我們想起充滿安全感的時光，而安全感正是人類的基本需求。通常人們在歷經生命的困頓之時，會自然而然投入懷舊情緒；你可能發現，如果整個社會都在經歷困難，文化上會更認同過往。

有時懷舊之情會與「卡在過往」，和情感上不願放手的負面意涵牽扯在一起。然而，懷舊之情是讓我們把眼前的生活，與個人意義和價值相連（這是心理健康的基石）。我們會因此感覺到自我效能，並迎向未來的挑戰，不至於困在麻木的靜止狀態。確實，提升自我信念可強化樂觀[19]，這是身體與心理健康的保護因子，所以整理一下你的懷舊行頭，試試以下祕訣：

- 發揮嗅覺，聞聞芳香氣味能立即觸發懷舊感。如果有氣味會立刻把你傳送到格外令人感到安慰的時光，例如阿公、阿嬤的衛浴間、媽媽的料理，或甚至是學校食堂！重新營造這些氣味，把你帶回溫暖、安全且備受呵護的地方。這不光是在遇到考驗時派得上用場，平時就可用來安撫煩躁的心靈。

- 用照片來回味。無論是老派的紙本照片，或手機裡的圖庫都可以，畢竟當我們麻木的時候，兩種都能發揮效用。你可以使用手機的「回顧」功能，欣賞某段時期的幻燈片秀。或是走到儲藏室拿出一些拍立得照片，撣去灰塵——重點是要與過往連結。身

陷萎靡時，回顧舊照片是很好的，會讓我們想起自己做了多少事，以及我們確實有內在的資源，能處理生活上的困境——現在與未來皆然。

- 音樂是另一種能啟動懷舊之情的強力工具，也能幫你在略顯消沉時，讓身體動一動。即使是自認為不會跳舞的人，在擺首晃腦時也會露出笑容。音樂啟發的懷舊情緒能帶來更多啟發，強化人生的意義，緩衝長期不愉快情緒的衝擊。[20] 已有應用程式能讓你的數位音樂聽起來像黑膠，不需要古老的唱片播放機（恐怕上了年紀的人才知道這是什麼）。不過，無論年齡為何，音樂觸發懷舊情緒的能力都很強大；可把懷舊加入你的「情感播放清單」。

- 不妨花五分鐘，寫下懷舊的記憶。盡量讓回憶變得有層次、栩栩如生——回想人物、事件、地點，當然也要想想那天的聲音還有氣味。你或許沒料到，原來你的記憶儲存庫裡躲著這麼多細節。如果這在你心中掀起波濤洶湧的情緒，則進行第43頁的呼吸練習，並記得對這些感覺保持好奇，而不是要硬把這些記憶塞回心中隱藏的角落。回顧往事或許會帶來有點反直覺的感受，甚至讓人不舒服；你的直覺或許會告訴你，窺看人生後照鏡只會讓人感傷，因為那些「美好時光」徒留在過往。你也可能會害怕失敗的感覺，或擔心會發現人生不如原本的規畫，

但請相信，若能連結懷舊情緒，你就可以培養韌性，讓你的情緒群系充滿各種健康的情緒體驗組合。這目的是要強化你的心理免疫系統，你可能會發現，重溫這練習創造的各種感受是很有意思的事——有些可能是你很久沒有體驗的。

- 練習「預期懷舊」[21]。好好品味一段格外美好的經驗，日後才能重溫。下次感覺到美好的情緒或感受時，盡量多注意當下的環境與細節，然後歸檔到大腦的「美好時光」。多多練習，你會成為辨識生活中這些精彩瞬間的專家——有時稱為「神奇」或「禪意」時刻。把焦點放在這些時刻，就算稍縱即逝，也可說是送給自己的禮物，在未來面臨困難時能派上用場，真正欣賞當下的生活。

肩並肩的支持

肩並肩這個方法讓情緒溝通更加開放，就像是輪子的潤滑油。我把這作法稱為「散步聊天法」，也稱為「生態心理學」；傳統治療環境是在諮商室進行，但這種環境可能成為障礙，讓人在表達時無法卸下防禦心。諸如公園這樣的開放空間是很好的選擇，雖然我有時會大膽一點，前往博物館和美術館，把這些藝術作品當成聊天的話題。無論如何，這裡的主要考量是，許多人（尤其是男人）會認為直接、面對面的討論比較像在面試工作，而因此「表演」、藏起原本的自己。在這情況下，你

可在3A法的最後一個階段試試肩並肩散步法，找個值得信賴的朋友、伴侶或所愛的人一起走走。

你或許會發現，自己能運用幾項目前學到的情緒試讀能力，辨識與表達你的經驗與情感。諾亞安排了時間，和好麻吉一起散步，跟他說約會經驗的實際狀況，以及心中掛念的其他事。這過程可能像在開玩笑，也確實出現兄弟之間的打鬧，但不會讓諾亞覺得尷尬，反而感到自在——**無需**以麻木來安撫自己。他們兩個得到的結論是，網路交友是「傻瓜才做的事」。

心理師梅格博士的日記提示
　　提升情緒識讀力

1. 哪一種情緒讓你覺得很難接受（看看你的情緒轉盤，哪
　　個部分覺得卡卡的）？想想看，如何管理這樣的情緒？

2. 你的情緒如何不受其他人的行為影響？

3. 我保持XXX的情緒，因為……

第三章的重點筆記

這一章探索情緒麻木，有時稱為萎靡，在現今社會中屢見不鮮。造成這現象的微創傷可說五花八門，且如前文所提，你的情況可能和他人不同。要處理這問題，訣竅在於辨識自己承受了哪些微創傷，並把這些微創傷帶進接受及行動階段，建立情緒多樣性與識讀力。這能強化你的內在情緒小宇宙（情緒群系），幫助你安然度過人生的考驗。

第四章

與生俱來的壓力

本章探討

〉壓力與焦慮的差異

〉壓力反應會造成的問題

〉高功能焦慮症

〉威脅與聯想如何構成壓力；擔憂與反芻思考如何構成焦慮

〉克服壓力或焦慮症的技巧

我們天生就覺得有壓力……還是焦慮？兩者差異何在？重要嗎？我會說，是的，很重要！若你知道焦慮與壓力之間的差異，也理解微創傷與兩者都有關連，你就能站在穩健的位置，克服這種最盛行的微創傷類型。

我在晤談時，最常見到的問題就是焦慮與壓力——這在現代社會太普遍，難以計數。許多經歷焦慮與慢性壓力的人來找我前，嘗試過多種心理治療與自助途徑，也找過家庭醫師，甚至專業諮商者。對某些人來說，這些療法能達到某種程度的助

益，或在某些情況是有用的，但是其他來到我診間的人可能不抱持希望，不認為有辦法能讓他們長久脫離焦慮症與壓力造成、讓人苦不堪言的後果。

對不少人來說，混淆「壓力」和「焦慮」造成治療上的困難。然而我相信，只要把與生俱來的心理壓力反應，和焦慮的認知與感知層面區別，能在管理這些觸發微創傷的問題時，擁有很大的優勢。為了說明這一點，且讓我介紹查理。

查理初次來到這兒時，清楚展現出壓力或焦慮的跡象——也可能兩者皆然。查理會啃咬指甲周圍的皮膚，我看得出來他的手指流過血，而他很不容易保持靜止，說話聲音也在顫抖。查理在壓力這麼大的情況下，竟然能來找我，應是好兆頭；我深感鼓舞。因為有這樣的感覺，還能尋求專業人員協助，需要很大的努力。查理是這樣跟我說的：

> 我已付出一切努力，無所不試，想控制情況。我想，這情況是從我上大學時開始的，幾乎一進大學就這樣。新生入學的第一週還可以，我也和在走廊上遇見的眾人處得很好，但開始上課後，我就覺得壓力好大，讓我想要逃出演講廳——是真的。因此，我被轉介到學校的心理健康中心，進行六週的認知行為療法。這樣似乎有點用處，但也不盡然；我還是覺得自己走進課堂時，好像快要心臟病發。

　　查理描述的正是壓力反應的典型症狀（參見第101頁）。但我在想，到底是什麼微創傷驅動這個現象。因此，我們先從3A法的覺察開始，並討論壓力與焦慮之間的差異，以及為何先前的治療對查理的助益不如預期。

3A法的第一步：覺察

什麼是壓力？

　　「壓力」一詞如今最常使用於心理學，但這個詞源自物理學，意思是使某物質超過其耐受度之外。以迴紋針為例：我們在適度範圍內把迴紋針折彎，迴紋針會恢復成原來的形狀；但如果折彎的程度超過其耐受度，這個迴紋針就會過度延展，無法變回原來的樣子。有時面對生活的拉扯或妥協，也會超過我們的忍受範圍 —— 這就是壓力，以及伴隨的微創傷連結。

　　但在我們扭曲變形之前，迴紋針有很大的迴旋餘地 —— 我們也是。人體可以透過自律神經系統來應對困境，自律神經系統有兩套相反卻互補的部分：交感神經與副交感神經系統。交感神經系統會控制我們如何回應壓力，通常稱為「壓力反應」或「戰逃反應」。但正如迴紋針會設法恢復原來的形狀，我們的身心也會想回歸到體內平衡的狀態。這時副交感神經登場，在壓力反應中發揮平衡物的功能，讓我們從戰逃反應，回歸為「休息和消化」狀態，才能修復、重建與生長。

為何我們天生就能面對壓力

這並不是說,戰逃反應是不好或負面的狀態。事實上,要是少了戰逃反應,我們根本活不了!從這方面來看,「壓力」是適應性的生理反應,基本上就寫在大腦中。我們會用「適應」一詞,是因為它讓我們生存與演化為今天的人類。這是生理性的,因為觸發壓力反應之後,身體會啟動大量程序——雖然壓力似乎上是「心理」現象,但本質上是非常生理的。

最常被大書特書的知名範例,是早期人類面對掠食者(例如獅子)的情況。在正常情況下,人類當然不是獅子的對手,但在面對此等威脅時,大腦自動觸發壓力反應,讓腎上腺素與皮質醇湧到身體各處,帶來所向披靡的超強能力!心臟會更用力、更快速送出血液,把氧氣帶到全身;葡萄糖會釋放出來,肌肉會變得超有力;瞳孔也會放大,於是我們宛如超人……嗯,算是某種超人。

在人類史的某個時間點,這些生理變化確實能幫助我們對抗獅子、從獅子身邊跑走,或者靜止不動,讓這毛茸茸的野獸不會注意到我們;或更精確來說,可在碰到敵對的人類宗族時起身戰鬥、逃跑或躲藏。由於壓力反應對人類物種來說彌足珍貴,因此長久以來鮮少改變,即使我們的環境在許多方面已安全得多。正因如此,在高速公路上,如果前面有車突然插入,我們會先轉動方向盤避免碰撞,然後才意識到自己已轉動方向盤。也因為如此,這樣的經驗會讓我們激動緊張、喘不過氣,之後也相當疲憊。

適應力強對我們來說相當有用，也就是說，這是天生內建的，即使我們並未處於明顯的實體危機，也會觸發這樣的反應。你在面試工作前，是否曾感覺到心臟在胸口噗通噗通跳？面試者不會真的把你放上烤肉架，但是言語上的烘烤，也會觸動同樣的生理變化，好像用長矛逼近你。

明白這一點（這是3A法的覺察部分），是控制這種演化驅動的自動反應的第一步。以查理的例子來說，重要的是找出他是否有任何微創傷，導致在大學的特定環境或互動，和所觸動的壓力反應產生聯繫。我提出微創傷的核心問題，出現以下逐漸清晰的線索：

> 我不明白接下來要告訴你的事情，為什麼會影響這麼深，畢竟那在當時也不是什麼大不了的事。我小時候，大概八歲吧，參加學校的戲劇演出。我從來沒有上台過，看到台下那麼多觀眾，我無法動彈。我完全忘了台詞——這大概就是人家說的靈感枯竭，我只看到一雙雙眼睛盯著我。最後老師只得出面把我帶走。自此之後，我有一段時間難以面對人群。

我問查理是否曾嘗試回到舞台上，他說他會主動迴避任何戲劇演出，也會設法躲過上台報告。但顯然查理沒思考過這與大學的情況有何關聯，因為他感覺到的恐慌從剛開始上課就發生了：只是看到大大的演講廳，且上頭有個講台。

壓力反應如何「制約」

在19世紀末與20世紀初期，一群「行為主義派」的研究者進行實驗，觀察人與動物如何學習行為。行為主義學者認為，我們只是單純透過回應環境層面來學習——我們是被動的黑箱，處理來自環境的輸入，之後直接導致我們的外在行為。不僅如此，行為主義派的人相信，我們會把環境線索與反應連結，稱為古典制約。比方說，俄國心理學家巴夫洛夫注意到，狗不僅看到食物會流口水，**光是**看到餵食者就會流口水。狗顯然不是天生看到人類就會流口水，因此這隻狗經過長時間學習之後，知道人就代表食物。巴夫洛夫重複這項實驗，把食物與鈴聲搭配起來，結果你猜對了嗎？狗一聽到鈴聲就開始流口水——過去兩件毫不相關的事竟能創造出連結。

在1910與1920年代，約翰・布羅德斯・華生（John B. Watson）與羅莎莉・雷納（Rosalie Rayner）對幼兒「小艾柏特」重複這種實驗。他們的目標是創造出一種回應（特殊制約反應，在這案例中是恐懼與壓力），方法是把一隻白老鼠與駭人的巨響配對。艾柏特起初挺喜歡這隻毛茸茸的老鼠，但是老鼠和嚇人的聲音連結之後，他不僅開始害怕這隻老鼠，甚至對其他有類似特徵的東西都感到恐懼，例如家犬、毛皮大衣，連聖誕老人的面具都令他害怕。這項實驗現今會被認為違背科學的道德，而小艾柏特後來究竟如何，也引來不少爭議與好奇。有人說，他在六歲時死於後天型水腦症，也有人說，他過著漫長豐富的人生，只不過會怕狗。我在大學時，課本信誓旦旦聲

稱，這孩子已經去制約化，但這是不可能的，畢竟研究者若確實逆轉制約反應，一定會發表這項發現。我真的好心疼那孩子，希望無論他後來在哪，都明白自己扮演了重要的角色，足以影響我們對於壓力的理解。小艾伯特告訴我們，要把生活中原本毫不相關的兩個層面建立連結是可能的，這在說明何謂壓力、何謂焦慮之時，是很珍貴的資訊。[22]

與查理晤談時，我們探索了學校舞台是否會導致制約的壓力反應。查理回憶起大學出現第一次急性壓力反應時，發現兩種環境有些相似之處：演講廳的座位、大小與封閉的性質，確實與學校舞台很像。不過，查理這時有點沮喪：如果微創傷是學校戲劇引起的，為何過去的心理治療還是能發揮部分功效？

壓力與焦慮的差異

壓力（或說壓力反應）和此刻的眼前威脅有關，這樣的威脅我們常稱為「壓力源」。對查理來說，在那間大到難以逃脫的空間裡，於黑暗中直盯著他的眼睛，是觸發急性壓力反應的導火線。然而，焦慮和感知更有關，通常來自過去或未來的事件。查理並未再回到舞台上，沒有機會讓他減輕環境特徵（成排的椅子、緊急出口標誌、封閉的空間）和壓力反應之間的連結。因此，當這樣的反應在大學被自動觸發時，查理開始擔心他其實是對上大學產生全面性的焦慮，並擔憂這會衝擊到他的未來、別人對他的看法，還有其他林林總總的焦慮。

壓力與焦慮的基本差異，和時間與地點有關。壓力反應是

關於眼前的威脅，會因為聯想而觸動（在查理的例子中，就是演講廳的環境）；焦慮則是依據未來（擔憂）或過往（反芻思考）而出現的想法。

　　人類是很聰明的物種，能想像出大量的情境，有的危險、有的安全，因此會發生混淆。無論擔憂或反芻思考（這是焦慮思維的形式）都會觸發壓力反應。我們的身心不知道當前的威脅和感受到的威脅之間有何差異，因此對於過去與未來的負面思考，也可能啟動戰逃反應——不過讓我修正一下：我們的身

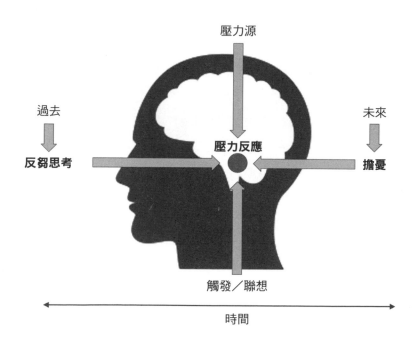

圖4.1：壓力、焦慮與時間

心不知道差異，直到我們予以訓練，辨別什麼是壓力，什麼是焦慮（參見第103頁）。

問問自己下列問題，有助於辨別自己正經歷壓力或焦慮：

我最常在哪裡發現自己的思緒——過去、現在或未來？

了解壓力與焦慮的細膩差異是重要的，這樣才能處理引發這種反應的微創傷，因為處理壓力和焦慮得採用不同的方法。釐清狀況屬於何者很重要，由於症狀類似——眼前的威脅、聯想、反芻思考與擔憂，都觸發大腦深處古老部位的生理反應，這個部位稱為杏仁核。許多人稱杏仁核為人類的「蜥蜴腦」，這裡講究直覺，屬於自發反應，而不是分析思考。

然而，焦慮是較高層次的認知與思維模式，經由大腦演化程度較高的部位來處理，也就是皮質，之後這些思維才會流入杏仁核。[23]正因如此，查理才會有那麼多壓力反應的症狀。他過去是以認知層次的療法在處理問題，解決憂慮思維，但是大學觸發的是制約性的聯想。換言之，查理的蜥蜴腦透過講求生存的杏仁核，立即回應環境，然而他學的技巧是高層次的認知法，在這時運用對他來說太慢了。

整體來說，微創傷會牽涉到壓力與焦慮，因為過往的經驗在某些情境下可以主宰你的壓力反應——不過，微創傷也會影響到我們的認知，引發焦慮與許多心理上令人摸不著頭緒的情境，觸發壓力反應及其所有生理症狀。

壓力反應的徵兆與症狀

面臨壓力時，身體有何感受：

- 你或許會有心血管症狀，包括心悸、心跳漏半拍、心臟狂跳，或血液加速流遍全身。

- 你說話聲在顫抖，甚至很難好好說話，因為呼吸模式已受到干擾。

- 你可能出現腸胃症狀，例如胃痛，或急著想上廁所。

- 你需要小解的次數增加——讓你更容易戰或逃。

- 你也許會心神不寧、心浮氣躁、難以坐定，或感受到強烈的逃跑需求。

- 整個脖子和臉都漲紅，耳朵也可能發燙，看起來紅紅的。

- 整體而言，你可能覺得很熱，汗流浹背。

壓力反應在認知上短期與長期的感受：

- 在急性壓力的狀態下，專注力可能減損，因為心智專注於察覺到的威脅。

- 其他認知功能（例如記憶）愈來愈差，因為認知資源被分配到戰或逃。

- 如果歷經長期的慢性壓力，較高階的功能可能鈍化（例如決策能力）。

- 在慢性壓力下，你可能經歷暫時性失語症，很難找到正確的字眼——這就是「話來到嘴邊卻說不出口」的感覺。

如果無法回到休息的狀態，壓力反應會讓人在情感與社交上有何感受：

- 你可能覺得心浮氣躁，通常不會困擾你的小事（或者人）也讓你大動肝火，猛力抨擊。
- 另一方面，你可能覺得需要精神支持，也想像要獲得持續的肯定。
- 你或許覺得世界在逼近你——感覺難以負荷，是壓力讓人難以長久撐下去的常見徵兆。
- 睡覺成了奢望。很難入睡與保持在睡眠狀態，與長期壓力有關。
- 親密關係與性愛可能受到影響：失去性慾可能是生活中有事得妥協的徵兆。

無論長期壓力是起於威脅帶來聯想，或是源於焦慮，都明顯有礙健康，例如出現心血管問題，以及免疫系統的功能障礙。研究顯示，如果處於慢性壓力狀態，要擺脫病毒或甚至讓傷口癒合，都需要更長的時間[24]。這時有必要運用3A法，來掌控你的壓力回應。

3A法第二步：接受

　　查理現在明白，學校舞台的微創傷事件在當時所造成的壓力程度之大，已於大腦裡刻下連結，而觸發了這段連結。他也理解到，這情況下的壓力反應會重新啟動，形成焦慮，讓他擔憂起未來：「要是我連坐在演講廳都沒辦法，以後該怎麼辦？」而這種基本差異往往沒被發覺。另一個例子是羅根，他在某方面與查理的經驗恰恰相反。羅根經歷過許多壓力反應的身體症狀，並把這些歸因於「工作壓力」。他使用各種技巧，例如自我肯定、呼吸練習，或到健身房運動，藉以釋放壓力。不過，這些「應急解方」已無用武之地。這時我們需要確定的是，羅根的壓力反應確實是當下的壓力或連結所觸發，而不是焦慮模式，例如擔憂或反芻思考。

辨別壓力與焦慮

　　人們常會發現身體、認知與情緒上展現壓力反應，卻不知原因何在。要分辨究竟是壓力（或壓力源）還是焦慮導致你的困境，有個辦法就是界定那和眼前的問題有關或和假設的情境有關。你可以問自己：

　　「現在我能不能做點什麼相關的事？」

　　如果答案是「可以」，那麼你很可能此時面臨的是壓力源或連結，比如說一名「奧客」。羅根是銷售人員，知道如何管

理工作上的壓力情境，因此這不是他問題的核心。羅根會覺得很難控制症狀的原因，應該和假想的情境有關──換言之，他正經歷焦慮。

如果微創傷深深埋藏於心靈中，我們往往會覺得疑惑。我向羅根提出微創傷的經典提問，並開始觀察，而他仔細地思索究竟是什麼事件或經驗，帶來重大的影響或變化，但是，他不認為那是值得一提的嚴重事件。羅根對著我說，他父親很自戀。羅根的內心確實隱藏著好些焦慮的念頭，一方面想要讓爸爸驕傲，另一方面想試著掙脫爸爸的掌控，兩者之間是有衝突的。這種假設的情境就躲在羅根的意識邊緣，成為難以主動解決的疑慮，畢竟我們無法改變他人。無論在健身房如何舉重、參加鐵人三項，或「你行的！」的自我肯定，都不足以克服羅根的爸爸不太注意他的感覺。這正是3A法當中「接受」這個部分可能讓人痛苦的原因，因為我們會明白，有時我們改變不了人生的一些層面。但是，我們可以學著體認與管理焦慮的思維。先來看看如何管控生理的壓力反應，羅根正在練習這個部分，而查理才剛開始。

學習控制生理壓力

這方法是訓練自己不要立刻回應壓力反應，而且要及時控制。這時我們應該多留意壓力反應所帶來的身體徵狀，這樣生理感覺出現之時，我們才不會急於逃離。這個技巧練習幾次後，會讓你在壓力反應最強烈時，控制身體給你的訊號；即使

這訊號有點嚇人，例如心跳加速、暈眩，聲音顫抖。查理和我依循下列步驟，讓他開始接受壓力反應，之後就會看出到底是怎麼回事——這是正常的生理機制。

- 以舒服的姿勢坐下或躺下——慢慢來就好。
- 現在，想像一下觸發你壓力反應的情境。以查理來說，我們把焦點放在演講廳，因為這是近期最明顯的觸發因素。
- 在心中仔細想一想，你在這空間的哪裡？想像自己抬頭、俯視，看看左右。
- 當你感覺到壓力反應來襲，要知道自己現在安全無虞，我們是來解決問題的。如果尚未出現壓力反應，試想觸發反應的環境會給你什麼感受。
- 現在，掃視你的身體，觀察一下身體不同部位有什麼樣的感受。
- 感覺一下這些感受，即使不太舒服。
- 如果某種感受格外強烈，則探索這種感覺，好像自己是另一個星球的外星人，來到這裡研究。
- 這樣想：「很神奇喔，接下來會怎樣呢？！」
- 之後，以自己的話來描述這感受。例如：「我的心跳和兔子一樣快。」
- 對任何你冒出的想法保持好奇。比方說：「我超想現在就落跑！」

- 不要忽略這些身體感受，好好與這經驗共存──允許它讓你覺得不自在，但依然值得關注。
- 接下來，接受這就是你的身體試著讓你保持安全，並謝謝身體照顧你。
- 可以繼續探索另一個感覺，或告訴你的身體現在沒事，為練習畫下句點。你已掌握了狀況，能為這觸發因素建立更有適應性的回應。

　　如同任何技巧，熟能生巧──久而久之，你會發現自己的壓力反應改變了，愈趨減弱。雖然查理一開始覺得這個練習本身很有壓力，但在幾次晤談之後，對壓力反應保持好奇的作法，似乎去除壓力反應對他的掌控。這時，他便準備好可以往3A法的下一個階段前進：行動。

繁忙症的詛咒：高功能焦慮如何主宰人生？

　　正如有些人有憂鬱症狀，仍有高水準表現，有些焦慮症的人也是如此。高功能焦慮症患者往往是班上的佼佼者與高成就者，這些人會讓你好奇：「他們是怎麼辦到的？」究其根源，可能是微創傷促成我所稱的「繁忙症詛咒」，也就是讓自己保持忙碌，不去注意焦慮的思維。

　　有時分心是很好的處理機制（通常是在短期），

但如果太常使用，導致覺察能力低落（回到3A法的第一步），則表示潛藏的焦慮是驅動力。若叫你什麼事都不做，**活著**就好，你會不會不習慣？你可能無意識地從一項任務跳到另一項，好像並未主導自己的人生。如果聽起來很熟悉，那可能是高功能焦慮症與繁忙症。問問自己：

- 是否覺得很難放鬆？
- 眼前的工作是否才剛完成，或者尚未完成，你的心思就已經前往下一項任務了？
- 是否覺得一次要專注一件事很困難？
- 別人會不會說你是超人、高成就者，或是擅長處於壓力之下？
- 如果不能凡事名列前茅，會不會覺得讓自己失望，或甚至讓別人失望？
- 在開會或社交聚會時，你是否通常會提早到，或是第一個到場——並且最後離開，因為你自願把環境整理好？
- 你是不是外表看起來平靜自持，內心卻是分分秒秒團團轉——有點像天鵝，表面上寧靜游過湖面，但水面下的雙腳瘋狂划動？
- 你會不會覺得自己往往過度思考、做得過度，也過度準備？

> 這種模式與焦慮迴圈（也就是分心—焦慮—分心的迴圈）可能主宰你的人生，因此進行3A法，採用覺察的手法，看看這情況是不是很熟悉。之後依據本章的訣竅，以接受和行動來處理你的微創傷。

3A法的第三步：處理壓力與焦慮行動

正如每一個微創傷的主題，這些方法應依照你的特殊需求量身定做，看看目前壓力與觸發聯想的因素是不是核心問題，或者你的壓力反應其實是擔憂與反芻思考所驅動的。許多人當然兩者都會經歷到，因此你可以在3A法的行動階段，自行搭配技巧。

管理壓力反應的快速祕訣與解決之道

以下這些方法是要處理當前的威脅、連結或壓力反應觸發。正如所有的快速祕訣，這些作法有助於處理眼前問題，以及長期處理微創傷。

以五感快速處理壓力

五感是我們的超能力。我們可以應用感官，駕馭壓力反應。這是轉移注意力的良方，可說是短期的控制妙招，可在壓力情境前後幫助你擺脫壓力反應，以及令人不悅的壓力展現。

選擇最適合你的──關鍵是震撼你的感官，這樣注意力就能從壓力源轉移到以下的感官知覺。也可以自己發想其他作法。

- 觸覺：將手放進一包冰塊裡，停留一下。
- 聽覺：把音樂放到震天響──最好使用耳機，以免惹毛周遭的人！
- 嗅覺：聞一包氣味強烈的藍紋乳酪，或另一種臭臭的食物，快速嗅聞強烈的氣味。
- 味覺：咬一口檸檬，感受一下水果酸溜溜的滋味。
- 視覺通常不會有這麼立即的效果，但你可以把一段文章倒過來閱讀，讓自己的認知分心，或在腦海心算（如果不仰賴計算機，乘法可是很難的），或者在心中把最愛的影集／電影名單以字母排列。

軟化視線

　　這是管理壓力的另一項快速祕訣，不僅可在壓力情境下使用，還能在會議等公共場合發揮功效。當我們被急性壓力反應掌控時，視覺會變銳利，並把範圍縮窄在（察覺到的）危機──通常稱為視覺窄化，有助於我們求生。你是否曾注意到，若你處於壓力情境時，會很難回憶周圍地點或事件的細節？比方說，上台報告完，同事提到剛剛會議室外有一陣忙亂騷動，但你完全沒發現？你全神貫注在當下的談話，完全沒注意到其他事情。然而，我們可以藉由軟化視覺，改變並啟動副交感神經系統──閉上雙眼再慢慢張開，增加對於邊緣視野的

覺察。你要繼續往前看,但也要注意到更廣的環境。輕輕按摩眼周亦能有所幫助,但如果在公共場合則不一定要這麼做。

嚼口香糖

英國諾桑比亞大學的研究人員發現,嚼口香糖可降低急性壓力與皮脂醇的濃度。[25]有趣的是,這些科學家也發現,咀嚼口香糖有助於表現。至於是什麼口味並不重要,選個自己喜歡的就好。如果你出門在外,沒辦法使用上述以感官轉移注意力的祕訣,嚼口香糖是很方便快速的作法——畢竟,你身邊未必有裝著冰塊的冰桶!

打呵欠

經過壓力繁重的一天下來,你會不會常打呵欠?這或許不光反映出疲憊,而是身體幫大腦降溫。在壓力反應的過程中,大腦會變熱——打呵欠就是生理上的空調。[26]我們在接近就寢時間及睡醒時會打呵欠,原因在於大腦在晚上及剛醒來時的溫度最高。雖然呵欠是否會傳染依舊爭議不斷,但許多人會打呵欠,主要是因為模仿行為——打呵欠可以放鬆,讓燒燙燙的腦袋瓜冷靜下來。

管理壓力反應的長期行為

這些技巧在經過練習後,效果只會愈來愈好,讓你永遠擺脫微創傷,也讓你能在未來克服類似的微創傷。

利用副交感神經的力量

調整呼吸模式，是利用副交感神經系統對抗壓力反應的最佳良方。除了仰賴前述的快速解決之道，你還可以訓練神經系統的這個部分，強化神經傳導路徑，這樣會更容易處理急性壓力。我喜歡把副交感神經系統想成是內建的「降落傘」，讓我們在艱難的時刻能放慢速度，輕柔降落。

重要的是，要持之以恆；若經常練習打開降落傘，就會成為專家！大腦會很習慣動用副交感神經系統，因此在面對壓力源時，副交感神經系統會制約地啟動。你可以使用任何你喜歡的技巧，但這是我的常用作法，可以隨時隨地練習。

簡便的呼吸練習

查理覺得這項技巧很有用，似乎也更具體。以下是運用心智的想像力來吸氣與吐氣。

- 伸出雙手，像星星一樣攤開，從小指開始練習。深吸一口氣，感覺空氣透過鼻子，讓腹部擴張開來，同時以另一隻手的手指，順著小指撫摸，直到碰觸指尖。接下來，以嘴巴吐氣，順著小指內側滑下，讓你的腹部吐氣時縮回。
- 再來以無名指練習，同樣在吸氣時，以手指順著無名指外側撫摸，吐氣時則順著無名指內緣往下。
- 再一次吸氣，同時撫摸中指外側，吐氣時則撫摸內

側，往下滑到手掌。

- 繼續以食指練習，然後以拇指練習。
- 另一隻手也重複這些步驟；若過程中有外來的思緒讓你分神，打斷你的專注，就讓這些思緒存在，再把心輕輕拉回到練習。

　　這個技巧相當簡單，常用來協助兒童管理壓力。這也有助於促進觸覺，同時能幫助身心進入休息消化狀態，而不是處於壓力狀態。

利用運動來對抗壓力

　　列在101頁表格中的症狀，你能看出有多少種不只出現在壓力很大時嗎？許多壓力引發的生理現象和運動時一樣：心跳加速、流汗、將葡萄糖運送至全身。因此若要對抗「壓力山大」的感受，有種妙方是在辛苦的情境之前先運動。許多有氧運動可以促進血液循環，例如跑步／慢跑、游泳、騎單車／踩飛輪，以及舞蹈／槓鈴有氧課，都一再獲證實能調整壓力的感覺。[27]只要運動20分鐘，安撫效果就能維持好幾個小時。[28, 29]所以，下回要展開大型報告、參加令人不自在的家庭聚會，或其他有壓力的活動之前，就在六小時內安排一場有氧課程，這樣會覺得情況沒那麼可怕。如果沒辦法，就在活動結束後去跑步或快走，壓力反應時身體產生的腎上腺素與葡萄糖，這樣有助於身心更快回歸到體內平衡，讓緊繃的肌肉放鬆（肌肉緊繃

就是受到壓力的症狀）。

　　查理喜歡運動，也確實喜歡這個建議，他在我們進行暴露療法前幾個小時會先去健身房運動，這樣治療過程會更順利。你也可以比照辦理。

暴露療法——打破連結

　　在這例子中，微創傷以特殊的環境或情境線索，制約壓力反應，而暴露療法是駕馭這層連結的最佳辦法，以能帶來中立或正面反應的東西來取代。如果你對觸發因素有很強烈的反應，那麼最好找位能在過程中支持你的治療師（例如你經歷恐慌發作）。藉由把自己放在觸發壓力反應的情況或環境，大腦會學到：你很安全，不必啟動交感神經系統，進入戰逃反應——只要給點時間與耐心即可。

　　暴露療法有兩種：**系統減敏法**及**洪水療法**。兩種方法的效果都有研究支持，[30] 但為了保險起見，建議採用前者。顧名思義，洪水療法是一頭栽進會觸發壓力反應的情境中，對有些人來說這樣比較快，但從我的經驗來看，可能會出現讓人無法承受的反效果。例如查理讀大學的第一學期走進演講廳時，就是種洪水療法，但他不知道這會啟動壓力反應，因而後來致使他出現一些認知扭曲（見 115 頁）與焦慮，並以對未來的擔憂呈現出來。系統減敏感法讓你能培養能力與鍛鍊「心理肌肉」，控制急性壓力反應，最後予以化解，同時增加覺察與接受的能力——從 3A 法來看，這是三贏的局面。不過，要確保自己不

會跳過「接受」，因為這種心理想像對於暴露療法的起步階段而言很重要。

以查理的案例來說，我請他先來一場大腦斷捨離，把會導致壓力感受的情況全部列出來，再依照程度，從最不嚴重的開始排序，愈嚴重的排愈後面。接下來，我們擬定計畫，讓查理身處這些情境，並想出在發生壓力反應時能加以控制的快速解方。對有些人來說，光是看著他們害怕的環境圖片，就能當成踏出第一步。不過，查理先從排列餐廳的椅子開始，把椅子排成半圓形，並在前面以一張椅子充當講台，這樣多少類似學校的舞台或演講廳；接著，他開始到咖啡館加入小團體的談話，漸漸也能參加大型演講。在每個階段，查理的大腦漸漸能駕馭微創傷與觸發原因之間的連結，最後終於能回到學校，完整參與課程。

處理焦慮思維模式

焦慮——無論是源自於過往的反芻，或是對未來的擔憂，都衍生於大腦較高功能的皮層思維，因此可以採用心理策略，克服強化焦慮的負面思維，不必只仰賴當下的壓力反應管理。對羅根來說，這個思維模式區域是關鍵，能消除他的壓力相關症狀困境。

首先，辨識出究竟是何種負面思維模式（心理學通常稱為「認知扭曲」）在你內心上演。以下是幾種常見的類別：

認知扭曲	範例
災難化	要是我這次工作面試表現不好，就得不到這份工作，未婚妻會看不起我，把我拋棄。
讀心	光看約會對象的臉，就知道她覺得我很無趣。
預言命運	我知道我會把約會搞砸，我就是知道。
聚焦於負面	即使主管在我的績效表現中給的回饋有好有壞，我卻只看到他批評我的工作。
否定正面訊息	雖然我駕照考過了，但那是運氣好，並且今天路況還不錯。
言過其實	我的情況很可怕，比別人都慘。
妄自菲薄	我確實買了一棟房子，但大家也都買了，所以沒什麼大不了。
低挫折容忍	我再也受不了這樣節食了！
過度自責	派對裡沒有人跟我講話，一定是因為我不好看。
貼標籤	我同事就是當作沒看見到我，她一定是個沒禮貌的傢伙。
責怪	我還沒搬出去，都是父母的錯。
全有或全無	要是我沒把所有考試都考好，就一定是廢材。
以偏概全	我戀愛關係告吹，我一定完全不值得人愛。

　　接下來，使用「問問」（ASK）三步法則，這是依據蘇格拉底的反詰法而來，挑戰負面與適應不良的思考模式。你可以運用這個簡單的過程，挑戰上述所有會強化焦慮，以及其他啟

動或維持焦慮感的認知扭曲思維。問問自己：

A是精準（accurate）：這樣的想法精準嗎？如果是的話，這項認知的證據在哪裡？

S是合理（sensible）：這想法合理嗎？能符合客觀邏輯嗎？

K是良善（kind）：這想法良善嗎？如果不是，這樣想的目的何在？

羅根說自己的認知扭曲包括災難化、妄自菲薄，以及全有或全無：

想法：我一定又笨又沒用，爸爸根本不在意我——他總是對我視若無睹，我的人生肯定毫無價值。

A是精準：我們探索羅根「笨」的精準性，結果幾乎找不到證據。人人都會碰上困難，但羅根會處理微創傷，這就意味著他絕非毫無用處，只是個經歷微創傷的人。

S是合理：羅根承認，即使父親不給予他讚美，也不能因此認為自己沒有價值。有時，光是把這件事情言語化，就能讓內在自我批評的聲量降低。

K是良善：羅根立刻承認，這想法並不良善，因此我們好好探索這想法的目的，結論是這種災難化的思維模式，只會讓他處於壓力狀態——無法支持或有助於他避免壓力感受或傷害。

最後，我們以一個很有力的心理輔導問題來結尾：

如果沒有這個想法，你的人生會看起來如何？

看看認知扭曲的表格，嘗試「問問」的三步法則。最好寫下你的回答，當作思維紀錄。這項紀錄可能非常有用，能挑戰偏頗的認知，也能檢視自己克服焦慮的進展。

心理師梅格博士的日記提示
管理壓力與焦慮

如果你可以揮揮魔法棒，就讓壓力反應遠去……

1. 你在日常生活中，會做什麼不同的事？

2. 有沒有什麼事，你會比現在做得更多或更少？描述一下你的生活會是什麼模樣。

3. 你會以不同的方式對待自己和別人嗎？在哪些方面？

第四章的重點筆記

了解到壓力與焦慮是不同卻相關的概念，即可利用正確的工具，處理各自的觸發因素。壓力是關於現在、當下的威脅，或是因為微創傷而連結起的暗示與壓力反應。焦慮有點像是心智在欺騙我們，因其症狀是在沒有實際的眼前危機時出現的——那是對過往事件的反芻，或是對未來的擔憂。在了解究竟如何分辨，也接受我們已發展出的連結之後，就採取行動，解除壓力反應的制約，以及控管焦慮思維。這麼一來，我們能從這最常見的微創傷中解脫。

第五章

弔詭的完美主義

本章要談的是我在臨床上天天看見的事：完美主義與拖延這把雙面刃。我們並不是天生追求百分之百的完美，那是我們在人生中回應環境與微創傷，慢慢發展出的趨向。許多有天分、仁慈又直覺準確的人，因為適應不良的完美主義而「自我破壞」，著實令人心疼。我們在此探索問題根源，以實用的建議打破惡性循環。

某天天氣稍嫌炎熱，一位衣著相當體面的女子走進診間。那時我覺得有點悶熱，臉應該挺油亮的，但這名女子的頭髮一

絲不苟，完全沒有被炎熱天氣搞得狼狽。她看起來這麼有條有理，我納悶她為何會來找我，直到她告訴我：

> 我似乎擺脫不了拖延模式，這問題嚴重到最近一次在
> 商業投資上，我已失去判斷……也失去投資人對我的
> 信心。

這位女子叫希爾薇亞，我們探索她的早年生活，我也提出微創傷的問題，而有那麼一瞬間，那張總是精心擺出的表情，閃過一絲不安。

> 我是爸爸帶大的，他是我所知最堅強的爸爸——凡事
> 都靠自己，還兼兩份工作，好讓我們過活。他在我離
> 家之前，從來沒與別人約會。我永遠感激爸爸，以及
> 他為我犧牲的一切。我總是乖巧，因為我知道他有好
> 多事要處理，我不該讓他忙上加忙。我是好孩子，從
> 來不惹麻煩。我的成長過程中只有爸爸陪伴，我得承
> 認，這教會了我一件事，那就是如何獨立。

希爾薇亞繼續解釋，她在青春期曾錯過一些好玩的活動，例如醉醺醺地開趴到半夜。她不想讓爸爸擔心，覺得自己必須「把事情做對，一次到位。」一想到事情做得不「完美」，就會讓希爾薇亞深感擔憂，因此在著手新計畫時，她會發現自己把

重要的任務留到深夜，並帶著滿滿的驚恐，火速追趕截止時間。她既疲憊又低落，也與同事不合，不光是工作總在最後一刻才完成，簽署別人的文件她也是拖到最後一秒，而且裡頭總有一大堆要修正的地方。希爾薇亞的蠟燭快速燃燒，眼看就要失去投資者的信心，我們得趕緊找出她的微創傷。

完美主義是先天或後天？

希爾薇亞公開承認自己是完美主義者，且以此為傲。她認為這項特質幫助她達成目標，也是成功不可或缺的條件。若我們看研究，會發現完美主義似乎是個人的先天性格，有些人或多或少都有這項特質。[31]這種觀念只算是部分正確，畢竟如今我們知道，所有人格類型都可能改變，原因包括經驗，以及——沒錯，就是微創傷。

有些人或許天生具有個人標準高得不切實際的傾向，但有些人這種令人精疲力竭的個性是被強加的。很難釐清究竟是先天性格或是後天養成，不過有研究以同卵雙生、在不同家庭長大的雙胞胎為對象，結果確實顯示，部分個人特質趨向與生俱來，而非透過觀察並學習身邊的人。

從第一章探索的微創傷來源來看，希爾薇亞可能天生就有完美主義的傾向，為了不想讓爸爸操心，又強化了這個傾向。要記住，微創傷的運作是累積來的，不要批判或責怪，應以開放的心，對希爾薇亞的生活經歷保持好奇。

3A法第一步：覺察

　　首先，我希望思索希爾薇亞對犯錯的感覺，以及她聲稱自己沒有「我不會犯錯」這樣的感覺。

　　人非聖賢，任誰都會犯「錯」：特別加了引號，因為錯的定義是**某行動、決定或判斷，產生了不理想或非故意結果**。但在現實生活中，犯錯是學習過程的關鍵。回想一下，你比較容易記得的事實或能力，是一開始就做對的，或是犯錯的？答案通常是後者，因為我們的神經網絡會吸收新資訊，產生新連結。如果沒有犯錯、失誤或疏忽，我們可能沒有辦法學習。

那些你以為沒什麼的事

　　我們在深入探索這個觀念時，希爾薇亞提到一次網路上發生的事件。聊到這件事，顯然讓她情緒很不好。她在青少年時期，曾在社群平台上轉發一則政治迷因；那項訊息並未針對某人，也沒有惡意，她甚至沒多加考慮，因為這件事看起來一點也不重要，沒想到招來辱罵的言論，實在令她驚訝，並且心生恐懼與退縮。她說，這件事讓她在心中更明確地了解到，不要犯錯是多重要的事。而就像許多創傷，會強化原本不怎麼出問題的行為傾向（完美主義）。

聚焦微創傷：酸民與「黑暗三角」

　　網路上的酸言酸語是種霸凌，對個人的影響也和霸凌差不多：那些曾在網路上遭到酸民攻擊的人指出，他們會更加焦慮，覺得沮喪與孤立；有人甚至會因網路酸民的行為而自殺。研究顯示，會出現網路酸言酸語的人，較可能有「黑暗三角」的人格特質，也就是集結了精神病態、馬基維利主義與自戀。[32]這些特質可能有共同特徵，例如都缺乏同理心與麻木不仁；自戀性格加強了自我誇大感，馬基維利主義則與社交工程、脅迫與操縱有關；而精神病態和反社會行為有強烈的連結。因此我們可以開始看出，黑暗三角具有的毀滅性。雖然酸民確實較常把目標鎖定在高知名度的名人與網紅，但他們也針對朋友或素不相識的人。值得注意的是，酸民之間亦會「引戰」——在網路上彼此霸凌。有項針對16歲到55歲的英美民眾調查發現，16到24歲的人當中，三分之二（64％）曾在網路當過酸民。[33]不過，黑暗三角人格類型的比例相當罕見，但為何在這麼多人身上顯現這種行為，尤其是年輕人？情緒與社會脈絡顯然是重要因素。負面的情緒狀態（例如憤怒與挫折）若結合了反社會行為盛行的網路環境（例如公然爆粗口、人身攻擊、隱晦羞辱、諷刺與離題言論），更能解釋為何人們會當酸

民，而不是反映內在的人格類型。[34]而我們在上網時也有「去抑制效應」，會背離現實生活中的個性，做出與之不符合的行為——有點像是喝到茫，遂於派對中做出完全不像你會做的事。[35]然而，若提到我們在網路上的人設，確實會增加難度，因為這表示任何人都可能在網路上霸凌他人。

　　我在晤談時愈來愈常聽聞網路酸民與線上羞辱的問題。無論在哪裡受到羞辱的感覺都很差，加上數位痕跡永遠無法抹滅，情況更是雪上加霜。人類自古有當眾羞辱的作法：扔石頭、鞭笞，以及鎖上木枷鎖，但這些人在遭逢懲罰之後，可以遠走他鄉，重啟人生。只是在現今「取消文化」的時代，很難相信羞恥感會消退，而你根本逃不掉。取消文化和過去的當眾羞辱是一樣的機制，可在某種程度上維持社會規範，但也會變成暴民正義的型態。網路上沒有平衡，也不會針對某情況討論其細膩之處。因此，這次經歷顯然讓原本就不喜歡犯錯的希爾薇亞愈陷愈深，也讓她的完美主義微創傷難以負荷。

　　拆解這個問題是3A法第一步（覺察）的關鍵。我們可從希爾薇亞的生活中，做些有幫助的具體改變，處理她所養成的完美主義者拖延模式。體認到深恐犯錯可能會在心靈與行為產生巨大的影響，接下來就能展開旅程。

適應型與不適應型完美主義

最好能區分適應型以及不適應型的完美主義。許多人相信，把事情妥善完成的傾向，對他們來說一生受用：可能有助於他們得到工作、找到伴侶，或只是覺得別人需要他們——這是適應型完美主義，亦即行為模式對一個人的生活有幫助，也成為他們的目的。然而，若是不適應型的完美主義，會害怕事情做不好或不正確，導致精神緊繃，經常有行為延遲，也是我在晤談時最常碰到的狀況之一。正因如此，完美主義很難打破，人們會記得完美主義為他們帶來益處的時光，卻把達到成果的痛苦過程縮到最小。完美主義者基本上認為錯誤是不可接受的，因此會花很大的努力避免犯錯，讓個人付出很高的代價。內在的完美主義者會讓我們覺得，錯誤表示我們沒有價值、不成功，最後也不值得愛——代價很高昂。也因此，許多人的拖延問題其實是完美主義在深處驅動。

何謂拖延

要解釋拖延，較簡單的辦法是辨別什麼不是拖延——不是懶惰、出一張嘴、無能或不在意。事實上，情況恰好相反。許多拖延者會擔心出錯，經常是勤勉認真的人。雖然我們可能沒察覺，但洗碗、整理抽屜，或是瀏覽社交媒體，都是在避免自己注意一種微不足道的感受：覺得自己不夠好，且擔心別人很

快就會發現。

　　於是我們會擱置任務，直到超出壓力閾值，才忙著在一天結束之前把掛心的事做完，之後又告訴自己，最後交出的計畫實在很糟、我們很蠢，不該做這份工作。聽起來是否熟悉？

　　但在來到這一步之前，親愛的拖延者早已耗費不成比例的心力在思考任務，或是用分心的技巧想著任何除了任務之外的事。這樣會消耗我們大量的身體、心靈、情緒資源，於是過勞成了身體唯一的辦法，要我們注意這種適應不良型模式。

　　「為什麼我不趕快動手！」、「我下次不會這樣了，應該及早動工，才不會落得這般境地。」

　　不需要多說，如果你是拖延者，很可能是相當在乎自己做了什麼，而不是不夠在乎⋯⋯這表示，你可能掉進完美主義的煉獄當中。

拖延是好事？

　　你認為呢？把今天可完成的任務拖延到明天，是好事嗎？對某些人來說，思考這個問題可能很不舒服，甚至眼皮跳動，不過⋯⋯在某些情況下，拖延**可能是**好事。「計畫性拖延」或延遲任務，通常是很有用的策略。例如，你一天收到多少電子郵件或訊息？想必一大堆，若你是家長或工作群組的一員時尤其如此。你有試過**不回應**群組訊息、看看會怎樣嗎？可能的情況是，大部分「緊急」議題根本用不著你出馬，自動會解決。但一開始很不容易，因為你可能有某種微創傷，促成你成為群

組中的「善後者」。或許你還是孩子時，就覺得自己得扛起責任，有點像第一章提到的老莫，總趁著別人有機會取笑或欺負弟弟之前未雨綢繆，跳出來讓大家開心。你甚至可能藉由成為大家求助的人，獲得強烈的歸屬感。只要不產生過勞的問題（參見130–131頁），倒也無妨。

然而我在診所每週都遇到的真實狀況是，這種行為模式是由微創傷所觸發，確實會造成一些令人難受的症狀。但你可以利用計畫性拖延來改善，我衷心建議，任何覺得今天時間不夠用的人，都該計畫性拖延一下。有些任務等一等再處理是合理的，例如收集足夠資訊再做決定，還有許多事根本沒有乍看之下那麼重要，比方說電郵、簡訊與各種訊息，大部分都不需要立即回覆。其他許多小事更是不值得你花上大半天處理，例如洗衣、洗碗，以及數不清的家事。

短暫的成就感

我們為什麼會讓自己忙於這類型的工作，原因在於完成某件事情時，那種成就感讓我們感覺良好，無論那件事多瑣碎。例如把成堆的衣服洗好（說真的，為什麼衣服會像灑了水的小精靈〔Mogwai / Gremlins*〕那樣快速增加？）、烘乾並疊起來後，會讓多巴胺小小提升一下；但這種情況很難在你有重要的萬言報告、業績目標、關鍵績效指標等要處理的事情上重現。不過，對成就感的渴望只會短暫平息，很快會發作，因為我們在更重要的任務上沒有任何進展。要分辨某些行為模式究竟是

適應型（例如規劃性延遲），或者是不適應型，有個簡單的分辨方式是，問自己：

「這對你有什麼幫助？」

如果面對一項任務時有些微遲疑（不要每一次電子信箱有新郵件，發出「叮」一聲，你就想回應），表示其他人可能會回應，那你有時間喘息一下。大家總是滔滔不絕說科技如何入侵我們的生活，但仔細想想就會看出這種即時回應的風氣究竟是帶來益處或讓我們更忙，分散我們的注意力而忽視這些行為背後的微創傷或理由。

在這個目標導向的社會，上面這句由八個字組成的問題很有用，讓我們接受完美主義／拖延的模式對我們來說並非最有幫助。事實上，這類型的微創傷相當容易導致過勞。

* 譯註：源自1984年的美國喜劇電影，主角小精靈若是碰到水，就會從肚子裡迸出一個個毛球，而這些毛球會變成邪惡的精靈。

過勞的跡象

2019年世界衛生組織首度將「過勞」症候群列入醫療疾病聖典《國際疾病分類》（*ICD*）。過勞直到近年才被官方承認與列入，聽起來或許奇怪，但症狀不那麼明顯的疾病往往如此──醫學與實務總是無法即時跟上人類的實際經驗。

過勞被列入「影響健康狀態的因素」可不是玩笑──我曾治療得花好幾年才康復的人，也有人面臨各種健康問題，甚至有失去工作、伴侶與性命。雖然世界衛生組織認定過勞的主因是工作壓力，但會導致過勞的原因很多，包括試著讓大家開心、要自己符合他人的期望，甚至只是無法適應環境。因此，辨識過勞症候群的徵兆很重要，及早發現，才能避免嚴重的健康問題。

如果覺得下列現象很熟悉，你可能正邁向過勞症候群：

- 在最後一刻取消計畫，且愈來愈常發生。
- 從來不覺得任務完成時如你所願，並責怪自己沒達到標準。
- 覺得不再有足夠的時間與朋友見面、培養嗜好或進行樂在其中的活動。
- 你一直覺得需要多工：「世界上哪有人一次只做一件事？！」

- 不太花時間照顧自己：「待在家還需要特別照顧自己嗎？」

以下是你可能已經過勞的跡象：
- 更加易怒，通常會罵所愛的人、家人或狗。
- 對於過去不會煩擾你的事件，變得過度情緒化。例如看了廣告就哭泣。
- 對於曾善於面對的情境，現在感覺難以承受，或無法應付。
- 出現認知困難，例如忘記為什麼走進房間；無論時間長短都無法專注，看一段庸俗電視節目也心不在焉。
- 工作績效受到波及。
- 睡眠不佳。可能難以入睡、半夜醒來卻無法再度入睡，或兩者皆然。
- 經常覺得「緊張不安，相當疲憊。」
- 覺得過度工作、精疲力竭，但也無法讓腦袋關機休息。
- 因為情緒、壓力或沒頭沒腦地大吃大喝，尤其是甜食或富含碳水化合物的食物，例如餅乾、義大利麵與巧克力；會喝酒的人，原本晚上喝一杯紅酒變成喝一瓶。
- 體重起伏（可能上升或下降，並且是你會注意到的程度）。

3A法的第二步：接受

讀到這裡，我們應該已有不錯的理解，例如完美主義這種模式可能對我們沒有幫助。接下來，讓我們進入3A法的接受階段。

完美主義與成功

人類最常犯的錯誤之一（尤其在現代社會），就是把完美與成功劃上等號：「只要妥善處理這／那件事，一切都會很美好。」正如第一章探討，這些講究競爭性的社會規範，讓我們像老鼠一樣，永無止境地在「拚命滾輪」上跑呀跑。雖然會有些改變——許多重要人物、名流訴說他們如何推開一扇門，即使門上明明標示要用拉的，我們還是被設定為相信完美無瑕能通往完整無缺。但這邊沒有提到的，也哽在我喉嚨中、糾纏不清的微創傷之感，就是這些生命故事幾乎完全遵守著一體通用的模式（戰勝怪獸；白手起家；探尋、旅程與回歸；喜劇、悲劇與重生），而主角通常會站上巔峰。換言之，雖然我們極度認同這些敘述，但這是出自「功成名就」的人——如果**我們**像他們一樣完美地失敗，未來也會成功。

哇，壓力山大！連失敗都要完美⋯⋯

要接受並克服這種完美主義微創傷令人不悅的後果，不妨花點功夫，了解**你已經夠好了**的觀念。首先動動腦、想辦法每天都提醒自己這件事。我有個案把標語印在T恤上，你也可以

把這標語當成密碼,或貼在牆上,只要能天天看到這句子。畢竟我們的大腦有點頑皮,會偏向負面思考。

正如我一再所見,如果我們不試著馴服內在的完美主義猛獸,就會增加焦慮症、憂鬱症、疾病與過勞的風險。有句流傳已久的名言很有道理:一分預防,勝於十分治療。

放過自己吧……

別再追求完美主義。你真的需要時時保持完美嗎?不,完美主義通常對我們沒什麼好處;坦白說,完美主義常把生活搞得一塌糊塗。

此外,追求完美主義會耗費許多認知精力,導致幾乎無法從錯誤中學習,培養心理免疫力。你應該認識辦公室的某個傢伙,或是表兄弟/討厭的朋友/政治領袖……那人似乎不沾鍋,犯錯也從不擔心——對,他就是不講究完美主義的人。他會因為失誤而退縮嗎?不會,似乎還讓大家更愛他!有趣吧?雖然我們的目標並非當個小丑,但應該停止在心中重複上演某件事,這樣才可以好好享受下班時間,以及更輕易地辨別在你的生活中哪些事情有用(或沒用),如此才能繼續前進,不用以自責來懲罰自己。

然而,有些人還是會有所保留:「如果我放棄完美主義,就永遠無法成功!」接下來的練習,能幫助你進入「接受」這個階段。

完美主義者（現狀）	以成功為導向的非完美主義者（不久後）
設定很困難的目標／標準 →	設定講求實際的目標／標準 →
達到目標時不太讚美自己 →	有所成就即慶祝 →
設定更高的門檻 →	設定另一個適當的合理目標 →
未成功（或這樣認為）→	把任何錯誤步驟視為學習機會 →
覺得自己是廢材／自責。	自認為是個好人，只是會犯錯。

　　基本上，兩者的差異在於，完美主義者會做出他們害怕的事——準備好自己會失敗。然而，無論是哪種原因導致微創傷，絕對可能改變這種心態，但你必須召喚出內心的「艾莎」*，放開手讓爛事隨它去。

3A法的第三步：行動

　　現在，我真心期盼你已有力氣、有能力，準備前往3A法的行動階段，以下是你可以嘗試的策略，掙脫完美主義／拖延的弔詭現象。

打敗拖延的行動訣竅

　　找出對你有用的作法。在過程中要善待自己，就像善待好友那樣。你可不能完美無瑕地變回以前的完美主義拖延者喔！

番茄鐘技巧

　　這是很知名的時間管理與提高生產力的技巧（番茄鐘的名稱源自於義大利文的「番茄」〔pomodoro〕，開發者的計時器就是番茄狀！），能把龐大的任務切割成適當大小，且作法經得起考驗。在每個地方遇到的教練都會跟你說，要分段並獎賞（chunk-and-reward），重複這樣的過程，但老實說，我個人不覺得這麼做有用，許多個案也這麼說。因為我們在為工作任務分段時，通常會以輸出成果為單位（例如完成一篇報告），不是以時間為單位。但完美主義者光寫一個段落就能耗掉幾個小時，因此如果以輸出結果為導向，容易陷入完美主義拖延的弔詭現象。番茄鐘技巧則不同，會依據時間給予正面的限制，而時間定義明確、能客觀衡量，並不是主觀武斷而模糊的里程碑。作法如下：

● 找個計時器，建議不要使用手機，原因請看下方。
● 移除**所有**會讓你分心的東西：把手機關靜音，放到抽屜；如果你的工作會使用電腦，則關掉電腦上的提醒，或者放個「請勿打擾」之類的標示當成屏障，以免有人打斷你的專心時段。除非你是急診醫護人員，否則請放棄所有打開訊息提示的理由（藉口）；我向你保證，那些事都可以晚幾分鐘處理。

＊ 譯註：指迪士尼經典動畫《冰雪奇緣》女主角，主題曲為〈放開手〉（*Let It Go*）。

- 把計時器設定在15分鐘。研究顯示，我們的平均注意力時間大約為20分鐘，因此對自己好一點，把計時器設定在這個時段內。
- 等到鈴聲響起，給自己五分鐘的休息時間，並記錄這段時間的工作成果。如果你本來是坐著，強烈建議起身走動或伸展一下，提醒身體還活著！
- 重複15分鐘專心工作、五分鐘休息的過程，直到你的紀錄顯示完成四個循環之後，休息更長一段時間。可以只有15分鐘，但一定要**讓你覺得**夠久，才能恢復精神。

你一定要利用休息時間做點別的事──查看電郵不算！轉移認知注意力，這個技巧才能發揮功用。可以藉由一些儀式，例如泡杯茶，或是簡短的正念冥想，任何讓身體動一動的活動都很好。

我當初使用這技巧時，很訝異15分鐘怎麼這麼久！這也讓我想到，我在開會或要去別的地方進行各式各樣的事情之前，總能完成不少事──顯然約束會帶來正面的結果！

處理拖延的技巧

納入「提前症」的時間

「提前症」（precrastination）是拖延症的手足，相當討人厭，意思是你完成任何找得到的小任務，以迴避真正該做的

事。洗碗、洗衣、清空收件匣都是「提前症」的例子，相信你還可以想出更多！[36]大家常常覺得，把這些小事情做完，就能騰出腦袋的空間，完成重要的事。這種說法雖然有其道理，問題是，即使任務看起來很簡單，耗費心力的時間太久也會導致疲憊。這表示等到你開始要做養家活口的重要任務時，已經累癱了，導致熟悉的罪惡感跑出來，畢竟你沒有先處理工作，而工作才是最重要的。

　　研究人員曾發表相當值得玩味的報告，顯示大腦在使力的時候就像身體的肌肉，如果只使用卻沒有休息，潛在毒性神經傳物質會累積在前額葉皮質，像在歷經漫長激烈的跑步之後，乳酸會累積在腿部肌肉，[37]這樣會讓認知變慢，導致疲勞。要對抗這種情形並駕馭提前症，有個辦法就是把這些任務確實寫進你的日誌。同樣地，過度節制的飲食會半途而廢，因此試著完全不做小事也會讓你滿心挫折，反而整個腦子都是日常工作。聽過「粉色大象」（pink elephant[*]）的現象嗎？你現在想到什麼呢？沒錯，你心中不可能沒看到那粉紅色、可愛的哺乳類。正因如此，過度限制一個行為，從來不會有用──我們的大腦還是知道它在那。所以就算你告訴自己，在進行某項專案時絕對不要逛社群網站，那麼等你有點疲憊、憤怒、餓到不高

----

[*] 譯註：原是喝醉時產生的幻覺，這裡是指身邊的人避談某個問題，卻讓當事人抗拒這現象。

興之時，意志力會像樹枝一樣折斷！如果安排好更講究實際的
提前症策略，則可有效擋下「成就飢渴」。

利用早上完成難事

不，我沒有要吃史酷比餅乾（Scooby snack*）。正如馬克
吐溫曾說：「早上先吃一隻生青蛙，接下來這天就不會有更糟
的事。」或者「如果你的工作是吃一隻青蛙，最好在早上吃。
如果你的工作是吃兩隻青蛙，那就先從最大的那隻開始吃。」
雖然他到底是怎麼說、有沒有這樣說仍有待確認，畢竟許多人
認為這番話出自其他人，但重點是，沒有人想吃活青蛙（或許
有些人願意吃蛙腿……）就算得吃，他們也會盡早解決。提到
拖延症背後的心理，這一點或許挺重要的，畢竟在某一段時間
或一天裡，我們的認知容量（也就是腦袋空間）有限。如果腦
袋在擔心某任務，會剩下較少的時間與空間做其他（更有趣
的）事。但如果我們趕快把它解決掉，心智會比較自由，更容
易專注在令人滿足愉快，也需要更多創意與水平思考的任務
上。所以，在滿足睡眠、恢復精力之後（前提是有好好睡一
覺），要趁著短期動機最強烈的早上，完成不討喜的事情；如
果睡不好，請參考第九章。

降～低你的期望

我們很在乎績效或特定的成果時，多半會把期望設得很
高。我們通常是受結果驅動，而不是重視過程，卻忘了偉大傑

作的起點可能是一堆草圖，或是寫在信封背面的幾個點子。通常無論你做些什麼，至少都足以讓你的思維前進，但若只著眼於每天的進展，會覺得好像沒有完成那麼多。別忘了，羅馬不是一天造成的。

完美主義的長期管理之道

　　長期累積的習慣需要花點時間才能改變，因此希爾薇亞與我使用以下源自於認知行為療法的練習，讓完美主義能大幅翻轉成「足夠好主義」，這樣才能挪出空間，好好生活。

現實查核表

　　完美主義基本上像個放大鏡，在凝視時，會看到巨大且扭曲的景象，彷彿你掉進兔子洞。因此，完美主義者需要經常進行誠實的現實查核，抵抗對世界的扭曲認知。如果你卸下完美主義，會發生什麼糟糕且令人難以忍受的極端後果？

＊ 譯註：出自卡通《史酷比》，裡頭的人類經常出任務，如果需要狗兒史酷比幫忙，得先以狗餅乾予以獎勵，史酷比才願意出動。

可能發生的最糟狀況	實際上可能發生的狀況
如果我沒有每天趕這份報告到半夜，同事會認為我工作做得亂七八糟，然後我會被解僱。	嗯……主管在績效評估時，從來沒有給我糟糕的評價，我甚至得到良好的回饋，所以我不可能被炒魷魚。而且仔細想想，我有僱用合約，就算老闆對我不滿意，仍得給我機會改進。
如果我不馬上回應夥伴的訊息，他們會認為我不在乎、不珍惜他們，最後我會沒朋友。	我想，大家都很忙碌……多數朋友沒辦法馬上回應，但我也不因此認為他們是糟糕的人，只是他們有很多事要做。同樣的如果我多給自己留點時間，應該也不會失去好朋友。
如果不面面俱到，沒有人會喜歡我，更別說會愛我了。	我喜歡我生活中的人，他們犯的錯誤多到不行！有時看到別人脆弱、不完美的一面，反而讓我覺得與他們更親近；說不定他們也是這樣看我。

　　這裡的祕訣在於，擺脫以成就感為本的自我感受，轉移到和我們內在特質有關的個人價值。可以把目標放在「**拿出自己最好的一面，但不必當最強的那個人。**」因為無論我們多富有、身體多完美無瑕，或多有成就，基本上都是會犯錯的人類。這可是好事一樁！要是我們都很完美，人生多無趣啊！

把失敗變成回饋

　　我們可以扭轉完美主義的局面，把任何疏漏、錯誤、失態或過錯視為重要契機，以好奇心（而不是批判眼光）重新看待

情況。基本上，就是要更像貓（#bemorecat），對於發生過或
正在發生的事秉持好奇心。問問自己：

- 到目前為止，我已經達到什麼成就？僅僅一次打擊
  鮮少會導致整艘船沈沒，因此要把焦點放在你已得
  到的成績，壓低內在的批評音量。
- 我從這次的疏漏中學到什麼？疏忽（即使是嚴重疏
  忽）可以告訴你重要的資訊，透露出這作法中缺少
  了什麼，以及什麼樣的微創傷模式在此發生。
- 我可以從這情況中得到什麼，讓我繼續前進？你或
  許需要得到更多支持／訊息／自我覺察，才能前往
  下一個層次；如果自己看不出來，不妨問問別人。

沒有人是完美的──這是真的。如果我們都無可挑剔、完
美無瑕，人生多無聊？事實上，最有趣、最動人的故事，都是
裙子塞進襯褲縫隙，或者菜渣卡在牙縫。如果你認為生活中有
近乎完美的人，不妨與他聊聊，問問他有沒有發生過尷尬的趣
聞軼事，你可能會訝異發現，原來出糗對他們來說也是家常便
飯！有些德高望重的人物傳記也可能提到這件事──只要他們
自嘲就行！人人都會面對挑戰，我們可以利用這些微創傷，鍛
鍊心理肌肉──只要我們對自己像對別人一樣，願意善待與憐
憫。關於這點……

要向自己保證，在夠好就好這一點，要做得夠好。

心理師梅格博士的日記提示
驅逐內在批評者

1. 如果放棄完美主義，我害怕會發生什麼事？

2. 拖延能保護我免於什麼？

3. 如果拋棄完美主義的盾牌，讓人知道真正的你，你的生活會如何改善？

第五章的重點筆記

拖延通常是受到害怕失敗及高度完美主義的驅動，且常因微創傷觸發。因此，透過剖析你的微創傷，能控制想要時時刻刻（或大部分時間）完美的慾望，允許生活有更廣泛的經驗——包括通常會讓我們發笑與學習的小岔子、小事故及錯誤。完美主義把我們困在期望的枷鎖中，對個人造成龐大的壓力。然而，若懂得好好善待自己，能跳脫出這個微創傷主題，選擇自己想對哪些活動投入時間與精力，而不是覺得必須把每件事做得「恰到好處」。

第六章

表面風光，實則……？

〉為什麼冒牌者症候群會對某些人影響較深

〉隱性偏見的演化驅力

〉微歧視的影響

〉為何我們寧願比上不足，而非比下有餘

〉以賦權策略處理微歧視

　　我很幸運，能在晤談期間遇到形形色色的人。在此之前，我在高等教育機構進行研究工作。老實說，我會從所見到的每個人身上，學習到某件事——這是同為人類的超奇妙之處。即使大家的背景、個人特色與人格都不同，但我發現有些共同性相當明顯——許多人自認在生活中的某些領域是「冒牌」的，且通常是他們最在乎的領域。

　　先向各位介紹凱莉。凱莉看起來泰然自若、鎮定節制，是個化學工程師，似乎每個毛孔都散發出平靜自信——只有眼神

例外，遂令我相當關注。我們一起探索人生歷程，以及她現在的感受時，凱莉這麼說：

> 我知道自己相當努力工作，可說是成功人士，但似乎也沒什麼──我沒「感受」到成功。大家都說我做得多好，尤其是有色人種的女性在理工領域（STEM）能有此表現，實在很傑出。[38]可是我一直懷疑，自己該不該做這份工作，而且我已不再喜愛自己犧牲了這麼多才獲得的職業。

> 不僅如此，我不確定大家是否喜歡我──說到這，我有點尷尬，更別提是否尊重或重視我。老實說，我一點概念都沒有。我發現自己會從別人的臉上搜尋各種跡象，例如眼周附近的笑紋，或者皺眉時嘴角微微往下；但無論如何，我似乎對別人如何看待我不再有概念，這讓我花了好多時間在意與思考這件事。或許我不該在意⋯⋯我不知道，但我發現自己會想，同事在工作時發出的「啊」或「呃」究竟是什麼意思？是好的，還是不好？我是好人還是糟糕的人？我會徹夜未眠，苦思不已。我再也不認識自己，質疑每一件自己所知道的事，明知這樣會耽誤我的工作進展⋯⋯我不想再這樣下去了。

我問凱莉，有沒有聽過「冒牌者症候群」？她點頭說「有」。於是我們從3A法的覺察階段，踏上療癒的旅程。

3A法的第一步：覺察

我們當中有冒牌者！

「冒牌者症候群」這個詞，或稱冒牌者現象，是1978年由心理學家波林・克藍斯（Pauline Clance）與蘇珊・因墨斯（Suzanne Imes）率先提出。她們在自我期望高的人身上看見一種模式，在無法達成目標而嚴重自責的人身上也會出現。

這個標籤在媒體、社交平台與談論中不斷被提及，讓我們更仔細看看這個詞的原本定義，包括以下元素：

- 你覺得在自己人生中，至少有一個重要領域（工作、親職、關係等）是「假裝」的，很怕被發現。
- 你認為自己快要搞砸一項任務，但這項任務進行得很順利時，卻覺得驚訝，更別提還鬆了口氣。
- 你害怕績效評估、同儕評議，或不小心聽到關於你的對話，因為你很確定他人的評價會是負面的。
- 當你收到正面的評價、肯定或讚美，通常會像打蒼蠅一樣把它趕走，並覺得有點尷尬。
- 如果某件事進行順利，你會歸因於運氣好或是外在力量相助，而不會肯定是自己做得好。

- 在面對成功或享有特權時，你甚至會覺得罪惡或有點害怕，有時會在無意間自我破壞。

- 你畏懼失敗，傾向把事情留到最後一刻，並覺得手邊的工作壓力大到快受不了。

- 在某個情境下，你覺得每個人理所當然都比你好，而你得很吃力才能變得和他們一樣好（但不真的覺得自己有好的一面）。

- 有人說你是「超人」，但你當然沒有這種感覺。

　　對於那些不曾與這種內在惡魔奮戰過的人來說，看見高成就的人自我懷疑，可能覺得挺訝異的。但我會冒著（受過教育的）風險猜測，好些人「成功」經歷過冒牌者症候群——至少在他們覺察到自己的微創傷之前是如此。

　　冒牌者症候群的問題是，在最好的情況下，也是糟糕的生活；而在最糟的情況下，會導致嚴重的心理健康問題。[39]有很長一段時間，專家認為只有女性會出現這種現象，但研究證實恰恰相反。冒牌者症候群不分男女，各行各業、社會階級、文化、種族與性別都難逃其魔掌；但公允的說法是，遭到邊緣化的族群會更強烈感受到自我懷疑（下文會細論）。歷史、社會規範與文化結構也可能扮演一定的角色，促成微創傷。多達70％的人在人生的某個階段，會經歷到這個現象[40]，無疑會導致生活不那麼有活力，因為這樣的人不容易甚至不可能真正接受自己值得這樣的成就感。

誰更容易覺得自己是冒牌者

雖然每個人都可能飽受冒牌者症候群之苦，但確實在某些族群較為盛行——這絕對不是說某些族群的人比較弱、容易自我懷疑，或在生活中不那麼有韌性，而是歸因於社會上某些族群在生活中會經歷的微創傷。

在我職業生涯中，見過這種假設：某個人一定有某種「錯誤」，有自己的問題或失誤，才導致自我懷疑與不安全感。然而這種假設太輕易的責怪個人，也無助於理解問題機制。所幸現在有更多研究，讓我們看出社會性的微創傷如何導致冒牌者症候群。

有項關於非裔美籍大學生的研究發現，經歷過愈多種族歧視的人，愈容易覺得自己是冒牌者。[41]然而，就算有人認為人口統計特徵（例如性別與種族）遭到汙名化，這種印象也可能影響到這人會不會覺得自己是冒牌者[42]；換言之，若你擔心自己會因為性別、種族、性向、健康狀態或任何其他分類而造到不公平的對待，那你更可能經歷到冒牌者症候群。這很重要，因為冒牌者症候群的程度，和憂鬱症、焦慮症、工作績效不全、工作滿足感與過勞有關。[43]

微歧視造成微創傷

哥倫比亞大學教育學院的心理與教育學教授德拉爾德・溫格・蘇（Derald Wing Sue），完整說明微歧視（microaggression）

的定義：「微歧視是在日常生活的互動中，那些無惡意的人讓目標族群感受到輕蔑、侮辱、貶低與否定，然而這些無惡意的人並沒有察覺自己做出冒犯性或貶低的行為」[44]。微歧視和所有的微創傷一樣，累積起來便會造成傷害。下列這些微歧視的說法，你覺得聽來耳熟嗎？

- 「可是你看起來很好啊！」
- 「從你的背景來看，你不是做得很好了嗎？」
- 「對，但是你本來從哪裡來的？」
- 「以你的條件來看，能做到 ＿＿＿＿＿ 已經很棒了。」
- 「你先生在家嗎？」
- 「我沒有種族主義。」

　　微歧視是一種隱性偏見，通常不是刻意傷害，卻傳達出隱約的羞辱或否定。我們要能分辨微歧視與其他明顯的壓迫，那些公然壓迫的形式通常會以「主義」（ism）結尾，亦有歧視的意思，例如種族主義（racism）、性別主義（sexism）、階級主義（classism）、殘障歧視（ableism）、反猶太主義（anti-Semitism）、年齡歧視（ageism）、異性戀主義（heterosexism，或稱恐同）與性別二元論（gender binarism），其目的就是主宰與維持不平等。換言之，這些「主義」有負面的意圖與影響。然而，微歧視或許沒有想造成傷害的外顯意圖，但同樣會造成傷害。

　　儘管微歧視是較幽微的歧視形式，後果還是可能很嚴重，導致自我懷疑與冒牌者症候群，此外還有心理疲勞，因為接收者會不斷思考為什麼這樣的說法讓他們覺得受傷。微歧視可以進一步影響動機，影響事業走向，更嚴重的是，微攻擊、微羞辱與微否定會導致健康問題、縮短壽命，也會讓教育、就業與醫療服務的機會更不平等。

為何我們有隱性偏見？

　　周遭環境隨時有太多資訊要我們的大腦運算處理；事實上，每天我們每秒會收到1100萬位元的訊息，且通常只會有意識地處理其中一部分。壓力反應是自動的，我們也會利用其他的認知捷徑，處理複雜且時時變化的環境。在大腦處理過程中，絕大部分超出意識覺察之外，彷彿自動導航那樣運作，這樣我們才有餘裕進行高階功能，例如決策與反思。基本上，我們這麼做才能完成日常任務，不必花時間分析每一條世界朝我們轟炸的訊息。很神奇吧！這樣可幫助我們適應與演化，但也有缺點：由於心理資源有限，很容易發生認知錯誤與偏誤。隱性偏見就是這種捷徑，我們會認為某族群有某些特徵，並依據這特徵，立刻對某人或群體做出假設。這樣未必會導致負面或是有害的想法，但如果我們對某個群體沒有足夠的接觸經

驗，這些假設通常是刻板印象，且是滑稽的描述，通
常反映著偏誤，可能導致非刻意的微歧視。

明褒實貶的讚美

　　當我們探索微歧視、思索為何有些族群冒牌者症候群盛行
率似乎較高時，凱莉提到，她進入要求很高的系所並領有獎學
金，不只是因為她的成績，更與她的背景有關。她說她向來對
這件事有點難為情，因此覺得自己並未真正獲得成就。凱莉記
得有幾次別人對她說：「你能獲得獎學金，不是很幸運嗎？」
或是「妳做的很棒啊，不然像妳這樣……」這些話彷彿在推論
凱莉的成功和學術表現、努力工作與天資才能沒什麼關係，並
非日日夜夜苦讀或做出許多犧牲，全心投入職業生涯，而是以
不公平的方式獲得。

　　凱莉也說，她對自己的成就很不自在，但之前從來沒跟人
提過──當然也沒和家人或同事說，她不希望大家發現自己一
直在「假裝」。因此，她從來沒有機會聽到不同觀點，或讓人
試著挑戰這些由微歧視造成的微創傷所觸發的想法。每當凱莉
經歷到冒牌者症候群最嚴重的症狀時，這些明褒實貶的讚美就
會在她心中迴盪。

　　這或許是深刻的洞悉，在接下來幾個星期，凱莉察覺到各
式各樣的情緒，包括對微歧視憤怒，以及她似乎辨識出自己冒
牌者症候群的原因而鬆口氣，也感受到自我懷疑時的陣陣憂

鬱。凱莉說：「我一向認為這不是因為我的經驗，而是和我的內在有關，彷彿我有點問題。」這再度突顯出微創傷可能幾乎難以察覺地潛伏著。表面上，評論與互動似乎是正向的，導致內在這麼緊張。

微歧視也可能是行為上的；比方說，我的個案阿凱在會議上發言時一直被打岔，但其他人都沒有碰到這種情況，於是自我懷疑在他內心深處生根。微創傷這種持續不斷的性質會折磨人，造成冒牌者症候群的問題，因為這個被打岔的人不僅懷疑沒人在聽，也懷疑自己說的事情沒有價值。這種微歧視的型態長期下來，如果沒有人予以挑戰，可能變成隱隱的霸凌。

在試著延伸3A法的覺察，並前進接受階段時，我認為應該探索隱性偏見如何造成傷害，例如微歧視會造成冒牌者症候群及自尊崩壞。

總是覺得不夠好

微創傷會在人生中積聚，因此光靠揭露單一微創傷，不見得可通往接受的階段。我和凱莉晤談時，也會探究她其他的行為模式，那些行為模式可能讓冒牌者症候群的感覺持續存在。凱莉向我坦誠很少跟別人提到的習慣，尤其是社群媒體的運用。她發現自己花很多時間在領英（LinkedIn，「我似乎一有空就滑領英。」），讓她更加自我懷疑，卻停不下來。我們仔細觀察，發現她開始難過地覺得自己像冒牌者，以及她像上癮

般看領英的時間點，兩者是有關連的。這說明單一微創傷如何像滾雪球，以及我們自己（或內在根深蒂固的認知機制）會讓那些消耗生命的微創傷延續下去。

參照點太多

除了他人的隱性偏見會造成微創傷之外，我們也有許多會不斷鞭笞自己的內建機制，常見的例如把自己與他人相比。然而，這在過去有演化優勢，因為早期人類需要這種機制才能生存——不需太多意識介入思考，立即比較自己和對手，結論若不是自己較高壯、可能贏得這場戰鬥，就是認為自己比較弱小，最好盡快逃之夭夭。這對早期人類而言相當重要，多掙得珍貴的幾秒，可免於傷害或死亡。這樣固然是極為簡化，而且我們有太多特徵可以和其他人比較，想想看，不過在兩個世代之前，你常見到的人是家人、所屬群體及同事，不會看到太多陌生人；如今，我們只要透過掌上裝置，就能把自己與幾十億個陌生人相比。從演化的觀點來看，如果我們對顯然較優越的對手發生誤判的狀況，會比較危險，因此我們天生會「比上」，而不是「比下」。個人內在傾向專注我們覺得在某層面較優秀的人，這對早期人類來說是很好的機制，但在網路世界卻是個缺點，因為個人形象和照片都可以調整、使用濾鏡，臻至完美。

在心理學上，我們稱這些永無止境的比較點為「參照點」——社群媒體演算法就是設計成永無止境的比較。凱莉以

為（至少一開始是這樣想）以工作為主的平台（例如領英）和其他社群媒體不同，因為在其他社群平台，大家會營造自己的形象，但領英主要是用來建立人脈的平台，而且大家不是都說要這樣提升自己的職業前景嗎？！聽起來固然氣人，但我們處理的是3A法的接受階段，所以要進一步探索凱莉的微創傷是否驅動了她的社群媒體使用，以及不停比較。

「本來會、本來應該、本來可以」

我向來不是特別愛看《慾望城市》，也不敢說整個系列都看過，但我發現，劇中莎曼珊這個角色很能說明如何處理「本來會、本來應該、本來可以」——只要說「管他的！」就好。然而，說的比做的容易；如同前文提過，人類的本能就是會比較，不光與別人比，也和平行宇宙的自己相比——我們可能是最會欺負自己的人！

西班牙納瓦拉大學發表過一項研究，發現人們通常會把自己沒走過的路、沒做的選擇理想化。[45] 有些可能無傷大雅，只是認為「別人碗裡的比較好吃」；但有時相當嚴重，會對重大選擇感到後悔，認為自己的職業、伴侶或生子的選擇是錯的。在經過這些「十字路口」，我們沒有走另一條路，可能會把那條路想得太浪漫，並忽略就算選擇另一條路，一樣會碰上困難、學習曲線與失望。我們不斷高估事情**本來可以**多好，而社群媒體可能讓情況變本加厲。

凱莉說，自從她出現冒牌者症候群後，幾乎無法不想像，

如果沒有拿到獎學金，人生會是何種情況？或許**本來**可以做點別的事情、**本來會**比較滿足。領英上每個人似乎都有樂在其中的超棒工作，於是凱莉問：「為什麼我不能那樣呢？」

3A 法的第二步：接受

為了幫助凱莉思索這一點，我們使用「那又怎樣？」的練習。乍聽之下，這個練習聽起來有點冷酷，但請和我一起忍耐，因為這是超直白又快速的方式，直擊問題核心。更重要的是，找出讓我們心裡感到不自在的感覺根源。首先從說明眼前的問題開始。

問題：我是否**本來應該**拿獎學金，走上這條職業生涯。

那又怎樣？	回答
那又怎樣？	我拿到獎學金，卻又質疑自己的職業生涯，這樣好像不太對勁。
對，那又怎樣？	或許別人比我更能善用這獎學金。
可是，那又怎樣？	或許我是從更值得獲得獎學金的人手中竊取來的。
那又怎樣？	我不該獲得獎學金，因為我似乎對我的職業生涯不滿足。

答案：我不覺得配得上自己的成就。

這結論所觸發的感覺：罪惡、羞恥、自我厭惡。

正如先前所言,這作法可能看起來冷酷無情、麻木不仁,因此在使用時可添加一些幽默,想像一下好友的語氣!這確實是很有用的方式,辨識出是什麼樣的感受在潛伏,導致像冒牌者症候群的微創傷持續存在。一旦這種感覺浮出水面,接受階段的工作就能出現大幅進展。

說出口,別羞恥

我們正步步接近3A法的中心階段──接受。凱莉多年來經歷的微歧視,已演變為內心深處對自己的成就潛伏著罪惡感,或更精準地說,她靠著獎學金得到今天的成就,卻因此感到罪惡。在接受階段,就是要把這情況揭露出來。我們終於把這情緒貼上「罪惡感」的標籤,正面迎擊。凱莉對獎學金有罪惡感,認為自己不該得到這份「協助」,因此不配得到現在的成就。我們從她是否有主動做錯事的角度,探索這份罪惡感是否合理。重要的是,凱莉要思索這個問題,而不是讓內在的冒牌者掌控。這時是情緒群系發揮助益的時候,雖然一開始可能令人感到不自在,但能讓不同情緒同時呈現出來。

藝廊練習

在接受階段,我請凱莉選個她喜歡去的地方,但這個地方也要有其他人,例如博物館、電影院、藝廊或任何公共場所。凱莉選擇了藝廊,我請她想像自己正在參觀期間限定的展覽:這是凱莉看展的唯一機會,她不能改天再來,因為展期快結束

了。現在，我請她想像藝廊裡有很多不守規矩、不體諒別人的參觀者大聲喧嘩，忽視該有的禮貌。我問凱莉，這樣她感覺如何？厭煩、生氣與挫折等字眼浮上心頭。接下來我問她，如果別人在展覽中出現這樣的行為，她會不會離開這一生僅有一次的展覽？你也可以想想看。

凱莉想了一會兒之後說：「不會。如果這是唯一的機會，那我會留在藝廊，欣賞藝術品，不管其他人在做什麼。」

在這次練習中提到的「人」，大可說和字面一樣，指的是其他人，但也可以視為比喻著微創傷，以及微創傷所產生的感受，例如罪惡感。已發生在我們身上的事情或許無法改變，但我們可以接受這些經驗，並處理相關的感受。對凱莉來說，藝廊中影響觀展情緒的人就是她的罪惡感，也是某種程度的羞恥感，但體認到這種情緒並不會妨礙她享有成就，代表向前邁進了一步。這份接受能讓生命真正往前走，畢竟人生確實只有一次機會。

3A 法的第三步：行動

對冒牌者症候群來說，即刻使用各種以解決問題為焦點的技巧會很有幫助，這樣能降低內在冒牌者的音量，而長期則要設法重建自信及堅定的自我價值感。

管理內在冒牌者的快速祕訣

簡訊小調查

我們未必是最能判斷自己與自我特質的人，內在冒牌者正是因此而更強大。把手機打開，找出至少三個你尊敬且信賴的人，請他們列出你的三大特質，以及他們為何認為你展現出這些特質。當你取得訊息時，看看你能不能歸納出結論——但更重要的是，要吸收這些正面回饋！

以姿勢來強化

社會心理學家與研究者艾美·柯蒂（Amy Cuddy）拍攝過談論強大姿勢的影片，在網路上廣為流傳，因為這技巧很簡單，可在任何地方自行完成。其理論是，我們可利用身體語言來提高自信，而她的研究發現，人們不僅會覺得更能面對世界，在生理上，睪固酮濃度也上升、皮質酮減少，甚至更願意冒險。[46]所以下回遇到需要增強力量時，兩腳要穩穩站在地上，手叉腰，正臉面對前方。你可以私下花兩分鐘這樣做（需要的話，到洗手間試試看），或在重要會議上採用類似的姿勢，以增加自信，擴大身體占據的空間，也讓四肢開展。你可能會發現，有些你認為力量強大、充滿自信的人身上也會出現這種肢體語言。效法一下，有益無害。

自我啟導取代自我批判

批判性的內在敘述，正是冒牌者症候群的徵兆，這通常是

從微創傷衍生的。然而，我們可以把這種自我批判的聲音，以自我啟導（self-coach）取代。當我們想到「教練」時，會知道那不是指安撫大家的人，而是依據我們的能力，鼓勵我們的人。所以下一回「你不知道自己在做什麼——你就是不配！」的念頭又竄入內心時，就用教練的吼聲，大聲把這念頭用力踩扁，並說「你明明有很多貢獻，理所當然可以在這裡！」最後，重複告訴自己「你做得到！」

處理微歧視

雖然我們很希望世界上沒有微歧視存在，但現實是人人都有隱性偏見。這表示，我們距離那樣的烏托邦還有很長一段路。即使微歧視是社會性的微創傷，但發生時仍有許多方式可控管。專家建議，要讓原本藏在背後的東西現形。通常微歧視發生時，人們不會察覺到自己參與這樣的行動——大家的意圖鮮少是歧視，但影響就和其他型態的偏見或歧視一樣，因此打開天窗說亮話是有幫助的。別人覺察到他們的行為前不太可能改變，消除微歧視對大家來說都有好處。通常這行動稱為微介入，以下依據前文提到的微歧視言語，說明如何運用微介入：

回應「但你看起來很好啊！」時，**把意圖與陳述分開**，說：「我知道你是想表現好意，對我說些讚美的話，但這會讓我覺得自己好像患有慢性病一樣。所以，以後只要問我好不好就行了。」

回應「從你的背景來看，你不是做得很好了嗎？」，**請對方多一點補充說明**，例如：「你說的『背景』是指什麼呢？」

回應「對，但是你本來從哪裡來的？」，**藉由說出自己的觀察與想法**，回答這個問題；比方說：「我發現你對我的背景有預設立場，我以前也會這樣，但後來發現可能會冒犯到別人，而且那預設通常是帶有偏見的刻板印象。」

回應「以你的條件來看，能做到 ＿＿＿＿＿ 已經很棒了。」時，**鎖定這人的價值觀**，例如「我看得出你的包容，但如果你加上『以你的條件』這樣的修飾詞，會減弱原本的好意。」

回應「你先生在家嗎？」需要**直球對決**，例如「這問題很不妥。」

回應「我沒有種族主義。」時，**換句話說**：「我認為，你剛剛是說你不承認種族，對嗎？」

如果你經常在特定場合遭受微歧視（例如工作場所），則務必請求協助，並呈報給適當的人，例如直屬主管。

克服冒牌者症候群的長期解方

尋找回饋

那些經歷過冒牌者症候群的人往往工作表現很好，因為他們不斷想證明自己值得這個地位。然而，他們能力好、學有專精，經常是該領域的專家，因此同事與主管很少給予回饋。由於別人認為他們不需要——然而這會回到本章開頭提到的，他們會去尋找徵兆，努力從別人的表情及其他非語言溝通，確認他人的回饋。要克服這一點需要很大的信心，因為內在的冒牌者會試著以一些想法，阻礙現實查核，例如「你不能問某某人有何看法，這樣他們就會知道你一直都在假裝！」如果你的確有過這些想法，請翻閱第四章，利用詢問的技巧，之後再找機會與同事或主管聊聊，也可與外部導師談談你的表現。在這情況下，導師可能是不錯的選擇，他們的角色會提供建設性的回饋與鼓勵，同時讓你隨心所欲分享冒牌者症候群與自我懷疑的感覺。即使你已在事業階梯的頂端，與你平行的導師或主管教練也可扮演這種角色。從我從事心理啟導的經驗來看，通常位於最高層的人會有最強烈的冒牌者症候群，因此能從這類支援中獲得最大的幫助，因為客觀的傾聽者能協助把現實與不安全感分開——大家時不時都需要現實查核！

SMART 的訣竅

冒牌者症候群的特徵之一，就是對自己抱持高得不切實際的期望，因此主動積極的處理方式是：提出符合現實、具體且

可行的預期（也可說是目標）。要是目標模糊不精準，就沒有具體辦法來衡量進度，或確知我們是否或何時抵達一個里程碑。因此，為了讓內在的冒牌者消音，在思考你的事業或任何其他目標時，要著眼於SMART層面：

- 提出**具體（Specific）**的目標。別把目標設成拿出最好的表現，這樣太模糊了，而是要定義一個清楚的目標。比方說，和工作相關的持續專業發展資格（CPD）；或在你工作分內的事，例如找個導師，協助實現前述的建議。

- 確認如何**衡量（Measure）**這項職業目標。只要目標明確，衡量起來會更容易。完成持續專業發展的課程或找到你的導師，比拚命工作、成為人中蛟龍更容易客觀衡量。

- 確保你的目標是**可達成的（Achievable）**。SMART的優點，就是一旦你界定出明確目標，比較容易判定是否真的可達成。有沒有時間參與持續專業發展？是否知道上哪裡找導師？確保目標可以達成，就能建立自信，消除冒牌者症候群。

- 問問自己，這個目標是否**相關（Relevant）**。你想展開的持續專業發展或許聽起來不錯，但可能不是你需要的。選個能幫助你成長與發展的目標。

● 最後，設定你的**時間表（Timeline）**。你想何時達
成目標？安排合理且實際的期限。

　　冒牌者症候群的特質會讓你把自己的成就縮到最小、把僥
倖的感覺放到最大，因此記錄你的進展與成就會有所助益。建
立一個資料夾，幫它取個充滿活力、振奮人心的名字——我就
建了「你超強」檔案！最重要的是，要慶祝每一次勝利，與所
愛的人一起慶祝，並練習大方接受別人的稱讚；一開始可能有
點難，但當內在的冒牌者漸漸縮小，你就會樂在其中。

　　冒牌者症候群導致我們覺得配不上自己的成就，也可能輕
視自己付出了多少努力、戰勝過多少挑戰，才有今天的成果。
把自己的歷程與他人分享，也是在提醒自己，我們確實值得擁
有今天的成就，同時啟發更多人。因此分享，並從學習者的視
角，思考這個歷程。

　　如果你在主持一項會議或報告時會緊張，也能應用這項很
不錯的技巧，因為焦點會從「你」轉變為「他們」。通常大家
公開己身經驗後，會得到不少回饋。他們常說，沒想到有這麼
多人也覺得自己像冒牌者。這不表示你得把自己的微創傷層面
公諸於世，只是把你故事中適合這情境的部分說出來。

心理師梅格博士的日記提示
找回自信

1. 你覺得哪種讚美最難接受？

2. 無條件信賴自己是什麼意思？

3. 明天的你想要如何感受？

第六章的重點筆記

冒牌者症候群很常見，通常由一連串的微創傷所造成。然而，任何人都可能經歷「被發現」的恐懼，因為我們身邊有無數的參照點，也有「比上不足」的內在傾向。知道如何處理微歧視，並把焦點拉回自己的進展，不再與他人比較，有助於克服和此類型微創傷相關的問題。

第七章

多吃才能舒心？

　　暴食與厭食也是非常普遍的微創傷類型，但經常受到誤解。我們通常稱之為「情緒性飲食」，認為這是泯除負面情緒的作法——不難聯想到《BJ單身日記》女主角瓊斯在失戀時，抱著一大桶班傑利（Ben and Jerry's）冰淇淋猛吃，藉以忘懷心痛的畫面。但是，這只是「微創傷飲食」的其中一個特徵。我們需要撫慰時，確實會發生過度攝取食物的狀況，因此出現了「安慰性進食」一詞。我們也會在壓力大、無聊或甚至興奮時過度飲食。這現象很常發生，理由五花八門（例如微創傷所

致），包括人類內在的生理會驅動我們尋找高熱量食物、現代生活會刺激我們的食慾，以及依然高度重視外表的社會。請容我離題⋯⋯讓我們回到第一章老莫的故事。他在童年時，曾經當弟弟小凡的守護者；他會來找我，是因為醫師警告他，如果再不改變飲食行為，會面臨諸多健康問題。然而，照顧小凡並非老莫以食物紓壓的唯一原因。他更詳細地解釋了更多與家庭與社交的脈絡：

> 我是我家三個小孩中的長子，小凡是次子，米拉是么妹。媽媽很愛餵我們吃東西（笑），老是幫兒子送上第二份、第三份食物⋯⋯但米拉沒有。每回提到米拉和食物時，媽媽會變得老鷹一樣諄諄告誡：「要是變胖，會找不到老公！」我聽了都替米拉難過。這番過時的話在當年很正常。男孩與男人總可以想吃多少就吃多少，如果不吃，是對媽媽最嚴重的羞辱！

> 所以沒錯，我覺得食物可帶來慰藉，那不是什麼新發現（笑）。而且如果我只吃生菜沙拉，就不會胖到生病（笑），但我現在不知該怎麼辦。想得到的辦法我都試過了——但我可是男人，朋友要是知道會笑我蠢。低碳與生酮飲食計畫只會讓情況更糟，因為我會臭翻天，這樣絕對沒辦法有下一次約會（笑）。我試過各式各樣的斷食法，例如52斷食法、168斷食法，

但最後都復胖。我想，我就只能接受自己是個死胖子，但我有孩子，可不希望不到 50 歲就心臟病發。

的確，此時此刻對老莫來說，賭注實在太大，況且他並不缺乏改變的決心，只不過尚未找到改變的工具。

微創傷飲食是怎麼回事？

微創傷飲食不光是在分手之後狂吃一整桶冰淇淋，而是可能和各式各樣的微創傷有關。就像所有微創傷類型，微創傷飲食較容易從行為模式辨識，關鍵在於你會在不餓的時候吃東西。看看下列飲食習慣對你來說是否熟悉，如果許多敘述碰到你的痛點，你可能有微創傷飲食的傾向。

- 吃到不舒服，甚至難受。
- 或恰恰相反，等到你覺得自己快昏倒了才吃，因為你已好幾個小時／整天沒有進食。
- 像殭屍那樣吃東西，因此你低頭發現包裝袋內已空時嚇了一跳，彷彿食物在空氣中揮發。
- 快速飲食：在短時間內吃完一頓飯，時間短到連泡杯茶都不夠！
- 一邊吃，一邊做別的事，例如講電話、走路、

開車、以電腦工作等。

- 如果有人送上食物，會覺得很難拒絕。

- 即使不餓，別人吃，你也跟著吃。

- 看電視或電影時，很難不吃零食。

- 在清空盤子之前，不太確定自己已經飽了。

- 覺得每天**一定要**在固定時段吃東西，無論自己餓不餓。

- 隨便抓點東西就吃，通常是速食，不太在乎自己的能量需求。

- 一觸發壓力反應就吃，無論是來自眼前的壓力源、對未來的憂慮，或是對過往的反芻（見第四章）。

- 只是為了打發時間而吃，或是避免無趣。

- 吃東西是為了逃避令人不快的情緒，例如悲傷、罪惡、孤單等等（見第三章）。

- 經歷與失控相關的感受時會吃東西，包括挫折、憤怒、嫉妒、煩躁等。

我們有時會因為飢餓之外的理由而吃東西，但如果這種模式源自於微創傷，並導致體重明顯增減，不妨試試 3A 法，與食物建立更好的關係。

3A 法的第一步：覺察

在思考微創傷飲食時，想想它是在什麼時刻浮現很重要。食物遠遠不只是生存所必需。食物（或說進食）可能和愛、慰藉與安全感有關，尤其這些情緒是源自於主要照護者時更是如此。可以理解老莫相當保護家人，也多少有點防衛心。藉由探索食物如何經常難以與慰藉及愛的感受區分，我們的觀點就能從責怪轉為理解。揭露微創傷的目的不在於把錯誤歸咎於誰，而是要把目前的問題與生活經驗連結起來。以老莫的情況來說，他確實把食物與吃東西這個動作，連結到母親的耐心及廚房餐桌的溫暖；當年的他在學校高度警戒了一整天，來到餐桌旁，總算可以放鬆。時時留意弟弟是很辛苦的，何況他當時的年紀還那麼小。

食物所代表的愛

在成長過程中，身為孩子的我們會把照料與食物相連，接下來安全感也會和飲食行為交織。我告訴老莫，研究顯示，女性通常在家用餐時會有吃比較少的傾向，這反映出一個家庭的相對權力動態，男性比女性接收更多糧食。[47]因此一個家庭如何提供與分配食物，不光視為愛的表現，也反映出社會角色。老莫聽完，顯得很驚訝：原來妹妹在家中受到的對待和男孩不同，令他深感不自在與尷尬。他後來告訴我，知道其他家

庭（其實是很多家庭）也發生這樣的模式，讓他卸下不少重擔。老莫開始釋放積壓已久的感受，而研究顯示，若有辨識、調整與表達情感的能力，能減輕以吃發洩的傾向。[48]

在覺察階段，資訊就是力量

　　為幫助老莫進一步理解他的情緒如何影響飲食行為，我請他寫飲食與情緒日記。這練習非常簡單，我會請所有微創傷個案練習。這項任務不只是記錄你吃的東西，也要寫下你做的事、和誰在一起，以及吃東西前後的感受。下頁表格摘錄自老莫的日誌，可用來當作範本，提醒自己寫下重要資訊，提高覺察。寫的時候要盡量誠實──沒有人會看這份日記。許多有微創傷飲食的人會發展出心不在焉，彷若殭屍的飲食模式，而以這種方式記錄飲食模式之後，自己看了也會相當訝異。記得要善待與疼惜自己，這勇敢的一步能通往更自由的人生，但過程可能觸發深層的感受。至少花一個星期寫這份日誌，包括週末，因為不同日子的飲食行為可能差異很大。

飲食與情緒日記：1月3日

　　老莫寫了兩個星期的日誌，能從中清楚看出他的感受、微創傷的觸發因素及飲食行為之間的關聯。下頁的表格簡短說明他的日記內容，也精準指出最能看出端倪的生活層面。

時間	事由、地點、人物	吃東西前後的飽足程度[49]	吃／喝了什麼	感覺／心情	吃完後的感覺／心情
19：30	在餐廳家族聚餐，媽媽、弟弟、妹妹與她的家人都在。	吃之前是三分飽；吃完是七分飽。	一起吃披薩，前菜有大蒜麵包與莫扎瑞拉起司條，甜點是巧克力蛋糕。	看到家人很高興；這週上班好辛苦。	開心，有點疲憊。
23：41	在家中獨處，大家都睡了。	吃之前是六分飽；吃完是七分飽。	巧克力、茶、餅乾。	沒什麼感覺，精神不集中。	心情低落，覺得吃東西有罪惡感，因為我已經吃了布丁。

　　老莫這天的飲食行為並未特別誇張，正因如此，他把體重增加歸咎於無法掌控的情況——「我也沒吃得比別人多，所以**一定**是基因的問題」。然而，談到聚餐時期，老莫的微創傷飲食成了值得注意之處。他承認如果家人在身邊時，幾乎無法拒絕食物——在所愛的人面前吃東西，似乎理所當然。

　　老莫現在有自己的家庭，他認為自己不僅是保護者也是提供者，他說能讓全家都有飯吃的感覺真不錯，對於份量也很大方。老莫不想告訴大家他需要減重，他不希望別人擔心，因為大家都認為他很強壯，即使他在飯前不特別餓，還是會吃到太撐而不舒服。我們探索他日記中關於感受的部分時，老莫很輕

易地看出他把自己定位為生活中每個人的照護者與保護者。這
是他童年得保護小凡不被霸凌時學到的模式。這樣的身分成為
他的核心，所以他覺得自己不能展現出一絲軟弱，也不能請求
與他最親近的人協助。當然，不可能全天候扮演這樣的角色，
那份壓力實在難以承受。但是，吃巧克力可以舒緩一整天下來
的壓力……至少在這一刻是可以的。

食物可當作抗憂鬱劑嗎？

　　某些非常可口的食物（例如巧克力）可提高「感
覺良好」的神經傳導物質濃度，例如大腦的血清素。
這會直接影響到我們的心情；有些研究甚至提到，巧
克力可當作抗憂鬱劑。[50] 其他含有大量糖分的食物和
飲料（包括「健康」飲品，例如果昔，因為有高濃度
的果糖）可以提高機敏程度，也可能導致過度興奮，
但通常興奮後會出現情緒大幅滑落，因為身體在設法
恢復平衡感。

食物作為獎賞

　　老莫的微創傷飲食顯然環繞著他與家庭的關係，不光是因
為食物可以是愛的展現，也因食物是生活中的獎賞。我們透過

哪些行為和獎賞有關的經驗來學習，另一方面懲罰也是如此。這很類似之前探索的壓力反應，以及這反應如何在初始壓力事件的類似情況自動發生，但在心理學上，獎懲則是透過代理產生聯想。換言之，我們是從別人如何對待我們產生聯想，而不是靠內在生存反應來連結。

這裡要談一下技術性詞彙「操作制約」，或稱為聯想學習，指的是透過讚美、給予點心與獎賞或其他正面體驗，強化我們的感覺、思想與行為。懲罰與指責等負面經驗，同樣是聯想學習的一部分。這也會影響到我們對於世界的理解，以及我們如何融入這個世界。不分青紅皂白的懲罰本身會造成微創傷，但即使是獎賞，也會強化微創傷飲食模式，因為食物很常被用來當成獎賞，並且能帶來立即愉悅的效果。

在老莫的童年與青少年時期，食物確實用來當作任何良好行為的獎賞，尤其他是能保護弟弟的「好孩子」，遵守環境的社會規範。這也不是什麼稀奇的事，我記得小時候如果乖乖看醫生、參加無聊的家庭活動與上教堂，就會得到糖果或冰淇淋，那記憶可是栩栩如生！父母面臨的是難度甚高的教養工作，以食物來調整行為經常是最快速有效的方式。

但是這和收到一枚獎勵貼紙不同，飲食會啟動大腦的「獎酬系統」。[51]而可以提高我們生存機率的行為（無論是個人或物種）。如果大腦中一套特殊的結構啟動時，獎酬系統就會運作，回應神經傳導物質多巴胺。多巴胺會帶給我們美好的感覺，所以任何能觸動多巴胺釋放路徑的東西，會讓我們覺得獲

得獎賞。獎酬系統會影響我們的行為，因為這系統的設定，會驅動我們做能釋放多巴胺的行為——換言之，我們會想再做一模一樣的事，以得到愉悅感。老莫學到，當「好孩子」會得到獎賞，這獎賞多半是很好吃的食物，能啟動他腦內的獎酬系統。大腦會要他繼續這類行為，不僅兒時如此，成年也一樣。然而，時時刻刻照料每個人可是重擔，因此等到老莫來找我時，已有強烈的過食傾向，嚴重損害健康與幸福。

3A法的第二步：接受

為何而吃，最能代表我們自己

到了青少年時期，老莫已完全把保護者的角色內化，不光是保護弟弟，還保護生命中他在乎的每個人。得到讚美、愛、價值與食物等正面強化，對他來說是很大的獎賞，即使微創傷飲食的負面效應出現，例如高血壓、膽固醇高與糖尿病前期，老莫卻看不出自己的飲食行為與自我概念之間的差異。他**為何而吃**？原因就是他自己。接受這一點，就是改變的起點，而好好善待自我，更有助於3A法的第二階段。你可以透過接下來的練習處理微創傷飲食，也可以解除你的身分認同中，對你沒有助益的面向。

善待自我的正念

老莫在接受階段碰到了瓶頸，對自己也相當苛責，例如讓家人失望、不夠堅強，當然還有體重問題。因此，我建議採用正念練習，把焦點放在善待自我。正念有許多層面衍生自佛教的傳統冥想，而在這裡，我們把焦點放在「慈心」（metta），意思是一種精神上的愛、仁慈、善意、仁厚、和平與和諧。但我們會做點調整，請繼續讀下去。

● 首先和以往一樣，從幾次腹式呼吸開始，讓身心靜下來。

● 接下來，注意自己的存在，讓你的心注意身體的感受。最簡單的方式是從呼吸開始——只要留意吸氣與呼氣的感覺。以好奇與開放的心，探索這感受。之後掃描你的身體，尋找是否有其他感受，例如緊張、緊繃或沉重。

● 想一個你深深關愛的人。把慈心、疼惜、愛、溫暖、仁慈的感受集結起來，讓這些感受包圍著你，並想像你真誠擁抱著這位你深深在意的人。

● 讓思緒專注在下面的陳述：

願 _____（填上名字）在人生旅程中感到幸福與自由。

願 _____ 行經人生旅程，感受平靜、和諧與安詳。

願 _____ 相信內在的力量，能處理生命帶來的挑戰。

願 _____ 的個人苦難消失，不再煩憂。

● 然後，重新把焦點放在你身體的感覺。你現在覺得如何？身體呈現何種感受？或許你的呼吸放緩，或是背部

的緊張舒緩。或許，你覺得更加輕盈快活。說不定你臉上綻放笑容，或是內心之眼露出微笑。

- 接下來把注意力回歸到想這個人時，你會看到的畫面。你看見他們在微笑、笑出聲，並感覺自由嗎？再一次，帶著沒有批判的好奇心，接觸這內心的畫面。

- 現在，驚喜來了。把畫面中你所愛的人換成自己，同時也把上面句子的名字換成你自己：

  願我在人生旅程中感到幸福與自由。

  願我在行經人生旅程時，感受平靜、和諧與安詳。

  願我相信內在的力量，能處理生命帶來的挑戰。

  願我的個人苦難消失，不再煩憂。

- 最後把注意力拉回呼吸，結束這回合練習。專注於在吸氣，並穩穩吐氣，重複幾次，結束這次練習。

這個練習是在培養善待自己的技巧，效果可能大得超乎想像。我們進行慈心練習，把對象重新導向老莫時，他感到相當煩躁，因為他不習慣想自己，更何況還要愛與溫柔！但他撐了下來，起初是為了家人，久了之後，他的姿態、眼神接觸以及整體氣場都變了，顯然老莫在3A法的第二個階段已功德圓滿。

幫自己的身分加個後綴

心理學家亞曼達・布勞威爾（Amanda Brouwer）與凱蒂・莫薩克（Katie Mosack）進行過一份精彩的研究，說明處理微

創傷飲食的另一種辦法：透過內在自我對話的微調，改變我們的身分認同感。[52] 研究的目標是要測試，如果在一個有健康意圖的詞語後加上「者」，是否能積極影響人的行為。研究人員請一組志願者建立數項身分陳述，都是關於有益健康的目標，例如目標是吃更多水果，那麼他們就是「吃水果者」；如果是要增加運動量，就變成「運動者」，以此類推。藉由加上「者」這個後綴詞，參與者會變成某個目標的主動「從事者」。另有一組控制組，成員只會獲得標準的營養建議。結果顯示，在改變身分認同的一個月內，「從事者」比控制組更常吃健康飲食，也增加與目標相關的行為。

管理自我對話，之後傳達給其他人，是另一項改變身分的強大工具。這不光是「做到之前先假裝」，因為信念會驅動我們的行為。然而，在剛開始嘗試新身分時，你可能會覺得緊張。因此，不妨以3A法的第三階段「行動」提到的實驗，試試水溫。

3A法的第三步：行動

以解決方案為焦點，對抗飲食衝動

飲食衝動或許讓人難以招架，但通常只維持短短幾分鐘——正因如此，轉移注意力可能是改變飲食模式的短期良方。[53] 雖然處理生活中的考驗時，注意力轉移有時被認為是不健康的作法，但在提到飲食衝動時卻是很好的策略，有助於度

過衝動消退之前的時光。以下是簡短又犀利的方法，可有效轉移注意力，避開想吃零食的衝動。

玩 Game 忘食

這下我要建議你拿出手機，玩個得耗費腦力的遊戲，例如 Wordle 或俄羅斯方塊，把注意力與認知資源從心心念念的食物移開。當然，你可以走復古風，找個紙本的字謎遊戲，總之，找個對你有用的遊戲就行！

繃緊身體，強化意志力

研究顯示，繃緊肌肉群有助鞏固意志力，幫助你克服食物誘惑，以及增加身體疼痛的忍耐力，讓你更容易吞下難吃的藥物，專注在情感上難受的訊息。[54]若你真的想要長期改變飲食模式，並永久維持下去，那麼這種具體化的認知法很有用。所以，下次感受到飲食衝動時，握緊拳頭，展現你內在的「洛基」（Rocky Balboa）！

在心中按下暫停鍵

像自動導航那樣心不在焉地吃東西，是微創傷飲食常見的症狀。但要把什麼東西放進嘴裡，可以運用內心的遙控器，重新掌握主導權。這是很有趣的技巧，不妨嘗試一下。在準備時，想像腦中有個遙控器——上面有暫停、播放、快轉與倒退功能。下一次飲食衝動又出現、想翻找療癒零食時：

- 在心裡按下內在遙控器的暫停鍵，讓現實生活的畫面暫停不動——換言之，停下你手邊正在做的事！
- 花點時間，讓自己跳脫，想像自己是觀察者。
- 接下來，在心裡按下「播放」，看看第一幕如何演出——觀察自己大吃巧克力，並想想看感覺如何。或許會有短暫的立即滿足感，接下來呢？
- 深吸口氣，快轉到屈從這次飲食衝動之後的場景，可能是一小時後的情況。
- 現在，你來到自己內在電影的第二幕。到了這時，問問自己感受如何？對自己失望嗎？挫折、感覺到自我厭惡感或罪惡感嗎？要對自己誠實，思考在這種飲食行為之後，你通常有何感受。這些情緒可能很強烈，但試著別把它們推開，因為這些情緒可以幫助你。
- 既然你已看過未來，就在你的遙控器上按下「倒退」，把自己帶回現在。重新播放第一幕，但這次**不要**屈服於飲食衝動。你反而要評估自己是不是真的肚子餓，否則又會陷入某種微創傷飲食；記住，飲食衝動在幾分鐘內就可以消退。
- 再次問問自己：現在覺得如何？或許是堅強、有掌控能力，並且理智踏實？
- 最後，該是真正按下「播放」的時候了，有意識地決定你想要在現實生活的電影中，採取何種行動。

　　　　你確實有能力改變第三幕，並給自己最終決定權。

　　這個練習是將我們的思緒、感受與行為帶回有意識的覺察，重新掌握我們的行為，進而影響整體生活。因此，你可以利用遙控器的技巧，這樣不僅能克服如殭屍般心不在焉的飲食，還能改變已無法幫助你的日常生活習慣。

克服情緒性飲食的長期行動

　　飲食是社交場合中不可或缺的一部分，與我們在人際關係中的身分認同交織，因此我們常害怕改變自己在親友或其他群體中的飲食習慣，以及吃什麼。要做出改變之前，會擔憂遭到揶揄與侮辱、冒犯到所愛的人，或只是不想為自己解釋，這些都可能阻礙改變。然而，真實情況鮮少像我們想得那麼糟，有個好辦法挑戰這些改變障礙——行為實驗。

以行為實驗，嘗試新身分

　　老莫最大的挑戰，是在家人面前改變飲食習慣。他不想讓大家擔心自己的健康，畢竟他是提供者與保護者；他也不想拒絕媽媽給的食物，讓她失望，而這些考量彷彿一面厚厚的心理之牆，妨礙他克服微創傷飲食——然而家人會如何反應，不過是老莫的期望與預測。不吃甜點會怎樣，他其實沒有真實的經驗，因為他在社交用餐場合上從沒拒絕過布丁。我碰到類似情

境時，也會鼓勵自己投入行為實驗，測試我對情況、對自己與他人反應的假設！我最常看到的問題是該如何說「不」，建立起健康的界線——比方說，有人有討好他人的傾向，於是會不知所措，擔心說「不」會失去社會聯繫及所扮演的角色。例如酒精經常是大家的分歧點，有人擔心無酒不歡，或少了酒的潤滑，宴會裡的對話會很無聊、有壓力、沉悶。因此，行為實驗是我最喜歡的練習之一。我和老莫構思出一些步驟，測試他的假設，你也可以試試看：

- 首先找張紙，在上面畫五個欄位——書寫是有益的：拿筆在紙上書寫，有助於釐清想法。有紮實的紀錄也是好事，現在我們都是實驗性科學家！
- 寫下你的**實驗情境**。這就像個培養皿，要用來測試你的預測（接下來會提到）。右頁表格中有老莫決定要測試的情境。
- 再來是你的**預測**，也就是你認為這情況會如何發展。寫下任何你認為會面對的困難，包括這困難源自於誰，以及這些困難會如何浮現。
- 現在，你已有了實驗性的條件與預測，想想看你可能有什麼**後援**，處理這些可能發生的困難。這很重要，你可別沒穿救生衣就跳入深水區。
- 一旦你執行了這實驗，反思與記錄真實**結果**：包括那天發生的事、他人的反應，以及讓你有何感覺。

● 最後，把這次行為實驗的重要訊息予以摘要，你的
預測和結果有差異嗎？這會是你從這次實驗學到的
東西，接下來你可以繼續前進。

實驗情境	預測	後援	結果	重點摘要
我們去媽媽家參加週日午餐聚會。大家都會到場，包括弟弟、妹妹與她的家人。	媽媽會花整個早上準備食物，期盼我像平常那樣吃光。要是我的行為出現變化，想必弟弟會覺得怪，甚至不高興。妹妹也會擔心，最後搞得大家都不自在。	太太是我最大的援手，我會在午餐前先告訴她我的打算。如果事情真如預測所發展，她就可以支持我。	媽媽和家族成員確實注意到我沒吃那麼多，但出乎意料的是，他們鬆了口氣。原來他們早已擔心我的體重，又怕提起這件事，會傷了我的感受。挺感人的，反而讓我不太自在，畢竟我不習慣這麼公開。結果我看出原來自己一直承受了這麼大的壓力。	我不必時時當個堅強的人。我很堅強，但家人也想幫助我。或許我不必一直戴著面具。

　　老莫發現他的預期毫不精準，這次的行為實驗也不輕鬆。
對老莫來說，要在長期以來他所照料與保護的人面前表露出脆
弱的一面，是一大挑戰。但他發現，他以為自己在保護大家，
卻導致他的關係受到些許傷害，因為家人無法如他所願，與他
那麼親近。

　　因此，我們可以從這種預期測試的「科學」法看出，即使是我們以為徹頭徹尾了解的人，也可能在我們面前隱藏自己的情緒，理由如出一轍：預防可能的傷害。以行為實驗踏出第一步，是讓自己與所愛的人擺脫微創傷的關鍵。

 心理師梅格博士的日記提示
情緒性飲食

1. 我希望食物帶給我什麼？

2. 你能做什麼事來滋養自己？寫下至少三個除了食物以外的選項。

3. 什麼時候我會覺得像「自己」……

第七章的重點筆記

飲食會在許多層面與微創傷複雜交織,可能是自我療癒、
獎賞,也可能是身分認同的型態——經常是從年幼時就發
生的微創傷類型。這並不令人意外,因為我們都需要食物
才能生存,但在能隨時輕鬆取得高熱量食物的世界,要做
到節制飲食愈來愈難。我們有許多飲食習慣有如自動導
航,因此要對自己的飲食模式建立覺察,並予以接受,進
而採取行動以重新恢復自我掌控。

第八章

這和愛有什麼關係？

　　和許多人一樣，我在成長過程中看了不少好萊塢電影，以及同樣簡化過的純情童話，多數內容呈現的是真愛萬能，可治百病。雖然這些刻板印象（尤其是性別規範）隨著時間有了改變，讓我鬆了口氣，但浪漫愛情的觀念依然盛行──總有個人會了解你，那人就是讓你變得完整的真命天子／天女。然而愛的種類有很多，也免不了失落……

　　奧莉薇亞因為一段長期關係結束，感到痛徹心扉。但這並不是那種我們立刻想到的分手情境──奧莉薇亞不是為了配戴

閃亮盔甲的騎士傷心，而是一段友誼破裂，導致深深的失落感。她這樣訴說愛的微創傷：

> 光是提起這件事情，我都覺得蠢。我知道這不該是什麼大事，但如果要我想想究竟什麼改變了我，那就是這件事吧。我就是無法釋懷。
>
> 幾年前我有個閨蜜，我們經常膩在一起，每天都以WhatsApp 聊天或見面。我當時在嘗試試管嬰兒，可惜沒成功，那對我來說是段艱辛的過程。然而，她大力支持我。試管嬰兒失敗是件大事，失落感非常強，歷經這人生的大混亂，我得設法調適自己。但我現在覺得走出來了，也平靜了些。只是，我覺得難以接受而來找妳的原因，是這位朋友。
>
> 這位我以為是真朋友的人後來懷孕了，卻沒有告訴我。我是在臉書上看見她另一位朋友提起才得知。她完全沒有張貼超音波照片。我無法承受的並不是她懷孕了，畢竟我很替她高興，但她沒有告訴我，我還是透過別人才發現的。我無法描述這件事情讓我多難過，也令我煩心。我覺得無法再信賴任何人，不再出門和別人見面，不再認識新朋友。我無法與任何人談論此事，因為我覺得大部分的人會認為我只是出於酸溜溜的嫉妒心，但我保證不是，只是覺得我們當時什

麼都聊，此事她卻隻字未提，讓我覺得很難受。現在
我們完全沒聯絡。

　　這段微創傷的描述很經典。我們知道內心深處的某件事隱
隱作痛，卻認為這傷口不值得注意與憐憫，或覺得別人會給予
負面的評論與假設。本書一再強調，微創傷是累積的，且會和
骨牌一樣——單一微創傷就會啟動思想與行為的連環效應，讓
我們無法在人生中前進。以奧莉薇亞的例子來說，我們先探索
朋友不告知懷孕，是否讓她感覺到背叛，她自己則質疑這種想
法：「這並不是說我們是情侶，她欺騙了我之類的。」然而我
們必須了解，愛的種類有很多，全都會導致我們心痛，觸發遭
到背叛的感覺。

聚焦微創傷：背叛帶來的創傷

　　當我們遭到某人背叛時，可能會覺得天崩地裂。
原本以為信賴與安全感的堅固基礎粉碎了，對個人來
說會產生很大的影響。受到背叛造成的情緒傷痛可能
和身體的傷一樣劇烈，若沒有妥善處理，恐怕會留下
長久的心理傷疤。

　　背叛創傷可能在孩提時代發生，這是建立依附關
係的關鍵時期。從心理學的觀點來看，如果年幼時的
照顧者反覆無常或是粗心的回應，會造成不安全的依

附型態，導致日後在許多方面都難以形成情感連結。然而，背叛創傷也可能發生在長大後的人生，例如戀愛關係、密友情誼，或婚姻。我們在思考背叛時，通常只想到愛侶，但是其他親密關係中的信任若遭到辜負，其衝擊程度也和不忠相當。

從這方面來看，背叛創傷和許多事件有關，包括不忠、說謊、欺騙（身體或情感）、八卦，或其他會損及關係連結的行為。就演化觀點而言，我們是社會性生物，得依賴群體來獲得安全感、安心並生存。時至今日，我們或許未必需要別人為自己抵擋危險的掠食者，但與生俱來的天性仍和早期人類一樣。背叛會讓人覺得這麼難以承受，是因我們將之視為生存威脅。

愛的哲學與分類

我們和奧莉薇亞一樣，經常認為真正重要的愛是會放閃的浪漫愛情：投入某人懷抱，立刻覺得舒服自在、一見鐘情、一拍即合的「真命天子」。然而這種對於愛的理解，會破壞我們的情感健全，因為愛的連結有許多種。

在哲學、神學、神話與大眾意識中，愛的種類有很多，有的評論者說四種，有的說七種──可見人與人的關係多麼錯綜複雜。下列分類帶有趣味元素，在心理學上不那麼常使用，卻

是很有用的社會文化資訊,因為你會在日常接觸的電影、藝術、音樂等媒體當中,一再看見這幾種愛的類型:

情愛(Eros):你是否曾好奇「陷入愛河」一詞來自何處?在希臘神話中,小天使丘比特原名為厄洛斯(Eros),是浪漫性愛之神。頑皮的邱比特會以金色的箭,帶來強烈激情的愛。這樣的渴望非常熱烈,甚至可以視為瘋狂,例如海倫與帕里斯不名譽之愛,導致特洛伊陷落。[55] 因此,等到箭一射出,這種對於另一人不理性的慾望與占有慾,也可能導致我們墮落。

友愛(Philia):這種以友誼為本的愛,會著重於期望另一人擁有最好的人生。這種共同的善意是平等的,建立在堅定的信賴感與友誼上。友愛可能屬於性伴侶關係或精神伴侶關係的一部分。我們通常會認為,友誼之愛會在浪漫關係的情愛之後出現,但也可能先出現,並促成更強烈的自我意識、可靠性與洞察力。一般來說,真正的友誼能以正面的社會支持,保護我們的身心健康。

親情之愛(Storge):這種愛和家庭有關,也是父母給孩子的無條件之愛。親情之愛和友愛的類似之處在於,給予者只希望接受者獲得美好的事物,但這是不

對等的，因為孩子在本質上是以自我為中心，無法回報照顧者的愛。這種行為在其他關係中不被允許，但孩子需要被愛與照顧，因此親情之愛對於物種的生存而言很重要。

聖愛（Agape）：這是普世之愛，例如對人類、自然界，或是對神的宗教之愛。聖愛的特徵在利他主義，會協助他人，不求回報，因此也被視為無私的愛。

這些愛的分類有助於把愛的概念擴大，不再把愛侷限於關於「唯一」的那人。的確，我們在人生中，會在上述的群體中遇到許多「唯一」，我們不需要屈從於好萊塢式壓力，找到神奇的白馬王子（或白雪公主——有趣的是，目前還沒有非二元性別的版本），也不需仰賴他們才能讓生活幸福美滿。

聚焦微創傷：毒性友誼

戀愛與家庭關係、友誼也可能變成有毒的——但這方面的討論遠不如有毒伴侶，因此會演變成微創傷。友誼會劃下句點，未必都是因為有毒性，有時要能看出關係是否惡化並不容易，尤其是經過長時間漸漸惡化。以下列出幾個關鍵跡象（也可說是危險信號），表示你的友誼可能不健康：

- 朋友知道你很珍視你的信念與價值觀,卻加以貶低。
- 朋友逾越個人界線,造成背叛創傷。
- 你覺得朋友在批評你,例如以惡毒的話語評斷你的外貌或衣著、你的其他人際關係或工作,或甚至你很少注意到的小事情。
- 朋友的行為或言論令人不愉快,他無視於你的感受與生活經驗,說你「太敏感」。
- 你覺得被朋友貶低或羞辱,尤其是在他人面前或社交媒體上。
- 你說話時覺得對方沒在聽,或看得出來朋友感到無趣,導致你不想說話。
- 友誼互動看起來很單方面,唯一的聯絡就是你主動傳訊息。
- 發生撒麵包屑的情況:朋友給你剛好夠多的「麵包屑」,讓你維持這段關係,例如偶爾傳簡訊、通話或見面,導致困惑與失望,因為這樣不足以維持穩固的關係。

　　毒性朋友可榨乾你的自尊、自信與情緒能量,所以要辨識出生活中這些毀滅性的友誼,適時予以移除(參見以下的「行動」)。友誼應該帶來能量與撫慰,而不是吸乾你的活力。

　　奧莉薇亞和我在探索她的友誼時，唯一蹦出來的問題是「撒麵包屑」。忽冷忽熱的往來可能是粉紅旗，而不是紅旗。粉紅旗就像預警信號，若汽車油箱裡的油量低，警示燈會亮起，但你知道油箱剩下約四分之一油量，你還能開去加油。在人際關係中，粉紅旗**可能**代表毒性，雖然未必如此，但這徵兆表示你需要探究你們的關係，就像油表顯示油量不多時不容忽視。在撒麵包屑的情況中，缺乏溝通與聯絡可能出於其他因素，都該予以檢視（下一章會討論）。

　　現在我們來分析奧莉薇亞獨特的微創傷。每個人的微創傷組合都不同，即使是手足、密友或我們最熟悉的人也是如此。為了找出頭緒，我們先從3A法的覺察階段開始，探索奧莉薇亞**如何愛**。

3A法的第一步：覺察

　　雖然微創傷並非皆從人生早期階段衍生而出，但愛確實是與我們在性格形成時期接受照料的經驗有關。因此，讓我們來反思這個由大量研究支持的主題：依附型態。

依附是一切

　　在新生兒與幼年階段，我們絕對需要有人照顧，才得以生存。我們可不是誕生後一小時就能走路，或能馬上餵飽自己的哺乳類，所以這層最初的照顧關係，為我們對世界的感知做好

準備。在人生的早期階段，照顧者如何回應我們，就稱為我們的「依附型態」。我們從童年時期發展出不同的依附型態，且依附型態會繼續形塑出對自我與他人的感受，也會影響行為。我們在幼童時期會從主要照顧者學到人際關係，以及信賴、安全感等概念，培養出探索這個世界的信心。通常主要照顧者是母親，父親、祖父母與其他成年人也可能扮演這個角色。連結荷爾蒙催產素能帶來安撫與慰藉，它與身體碰觸同樣有助於建立依附。依附型態主要有四種：

安全型依附：讓人打從心底相信別人會回應與互惠，認為世界基本上是安全的地方。在成年後，安全型依附關係通常是可信賴並且持久，在所有形式的愛當中，都能分享真實感受；而在這種以安全感作為基礎的依附關係中，允許脆弱存在。安全型依附的人也會認為，在需要時相對容易找到支援，同時發展出適應性的應對機制。

矛盾型依附：可能來自對於愛的體驗並不一致，照顧者有時會對一個人的需求很敏感，但其他時候又不給予慰藉與注意。矛盾型依附的成人可能導致「很黏人」、需求無度，並隱藏著對伴侶的擔憂，在某種程度上也擔心朋友不是真正在乎他們。這可能讓人在和別人發展關係時保持警戒，如果連結建立後又破裂，

心碎的程度可能令人難以承受。

迴避型依附：對於照顧的需求未獲得滿足，因此這類型的人認為別人不會回應與回饋情感。迴避型依附的成年人可能會有親密性的問題，很難對所愛的人坦承感受。迴避型依附也可能對建立社會與愛的連結不太感興趣，這樣的人在別人眼裡可能顯得冷漠。

混亂型依附：可能來自混亂的生長環境，照料方式擺盪在過度干涉或消極之間，讓人疑惑。這種依附類型較少見，可說是結合迴避型與矛盾型的特色，反映出早年經歷到的愛——一下子很黏，之後又變冷淡。

影響依附類型發展的因素包括親職與照顧品質，嬰兒本身的性格與特質也會帶來影響，因此務必記住，這過程是孩子與照顧者之間的互動而形成。這可以解釋為何在同一個家庭中，不同孩子可能出現完全不同的依附型態。所以我們屬於哪種依附型態，別完全歸咎於父母！正如我們在書中屢屢看到，理解與覺察通常是比指責更有用的策略。家庭環境（包括家中重大生活事件）、外在環境與文化都有影響，即使還是個嬰兒，我們也會形成多種依附，造就不一樣的型態。

奧莉薇亞與我在審視這些依附型態時，她提到，整體而言她在童年時有安全型依附。她感覺到照顧者大致上會回應，也

很可靠，因此她覺得獲得支持。「但我不會說我媽媽很愛把
把。這麼說吧，她不慍不火，雖不冷漠，但也不像我認識的其
他母親那樣熱情。」這是個暗示，因為人們都熱愛身體上的接
觸（參見右頁），至此我們開始構築奧莉薇亞的微創傷圖像。
我指出，奧莉薇亞和母親與父親可能有不同的依附型態，這說
法似乎讓情況清楚些；她表示沒錯，自己和母親的依附型態似
乎比較矛盾，和父親則是安全型依附。

理解帶來轉變

在心理學與發展的相關研究與實務中，有很長一段時間認
為人們從小有單一、固定的依附型態，換言之，你只會有一種
依附型態，而這依附型態跟著你一輩子。但現在，我們對於人
類經驗的複雜性有更廣泛的理解——在人生早期建立安全感基
礎時，微創傷也會發生。這些經驗並非彼此互斥，正因如此，
往往令人摸不著頭緒。有人可能認為他們擁有安全型依附：
「那為什麼我還有問題呢？」不僅如此，我們可能在不同類型
的愛當中，有不同的依附型態，例如在情愛是安全型依附，但
是在親情之愛是焦慮型依附。[56]正如微創傷會把正向的連結類
型轉變成對關係造成挑戰的依附，理解與克服微創傷也可把各
種類型的愛轉變為安全型依附。這就是接受人生中的微創傷能
帶來的力量。

聚焦微創傷：皮膚飢餓

　　人類的碰觸在發展依附型態時至關緊要。正因如此，新生兒出生後會立刻被放到母親懷裡，父母也常被鼓勵多與寶寶有肌膚接觸。第一章曾提過哈洛開創性的知名研究，也就是剝奪恆河猴的母愛，這表示嬰兒有先天（生物性）的需求，需要碰觸與依附，以求情感上的慰藉，稱為「觸覺撫慰」（tactile comfort）。碰觸能帶來照護的慰藉與感知，對我們的運作很重要，不僅兒時如此，人的碰觸會釋放出神經傳導物質催產素，有時稱為「愛的荷爾蒙」，有助於連結。催產素還可提振情緒，增加信賴感，降低壓力荷爾蒙皮質醇，因此我們進行身體碰觸（例如擁抱）時，會覺得壓力降低，因為催產素濃度提升、皮脂醇濃度下降。身體碰觸似乎也有助於我們提升免疫系統。有項針對超過400名健康成人進行的研究發現，擁抱可以提升社會支持感，也能預防罹患感冒的風險。[57]就算罹患感冒，經常擁抱與感受到社會支持，也能減少嚴重的症狀。

　　但這對獨居者或需要隔離一段時間的人來說，是個挑戰（在新冠肺炎大流行期間，許多人就有這種經驗）。這時許多人可能會出現皮膚飢餓或「碰觸缺乏」，不過研究也發現，撫摸與抱抱寵物，也能觸發

大量的催產素。[58] 因此如果你和寵物在一起感覺比和
人相處療癒，或是無法與他人互動，也可多與寵物有
實體碰觸。

矛盾的愛

回到原本3A法的問題（第一章）：究竟是生活中哪些層
面，造就出今天的奧莉薇亞。談到這裡，微創傷中愛的主題變
得更加明顯。奧莉薇亞透露，她在童年時，每隔兩三年就得搬
家，因為爸爸在軍隊服役，經常調度。她知道家人愛她，也知
道如此頻繁搬遷，對媽媽而言壓力很大。「或許正因如此，她
會顯得冷淡；她確實得在每次搬家時包辦一切，這對她來說一
定很辛苦。」如果你知道不久之後就得搬到其他地方，建立友
誼也不容易。雖然從某方面來說，科技能幫點忙，她還是可以
和生活圈甚至全世界的其他人保持聯絡，但在童年與青少年時
期，看到其他人的生活都不會被打斷，其實挺難受的。現在奧
莉薇亞的住所固定了，反而很謹慎的結交朋友，尤其是女性朋
友。她這次提到的朋友似乎特別真誠，於是她掏心掏肺，也因
此後來友誼生變更令人難受——奧莉薇亞確實在這樣的情況中
看出矛盾型依附，如同自己和母親。一想到自己失去這位朋
友，她就覺得自己過於依賴，甚至因此感到絕望。

不僅如此，奧莉薇亞承認，她在看到朋友懷孕的貼文時，
感覺到一股悶痛的失落感，同時為朋友感受到幸福的溫暖光

芒。回想第二章的情緒群系，便理解這確實可能發生，即使這些情緒看似矛盾，但我們本來就會同時感受到各式各樣的情緒。對她來說，對朋友懷孕感到嫉妒又喜悅——兩種情緒都真確無疑。

嫉妒、羨慕與綠眼怪獸

雖然嫉妒與羨慕都不是讓人開心的情緒，但兩種情感有很重要的差異。簡單來說，嫉妒是我們擔心失去了對我們來說重要的東西，與面對潛在損失時的焦慮、憤怒、不信賴等其他情緒有關。羨慕是希望自己擁有別人所擁有的東西，且有兩面：一是把想要的東西或經驗從別人手上，拿到自己手中，另一面則是希望你們兩人都有。因此，羨慕會產生渴望與自卑的感覺（例如「你的假期好棒喔！好希望我也能逃離一下！」）但較陰暗的一面由憤恨開頭（「他根本不配那份工作。我這麼努力工作，應該得到那份職位。」）[59]後者較負面的羨慕，就是莎士比亞的《奧賽羅》綠眼怪獸*登場之處，屬於毀滅性的情緒經驗，包括內在與外顯的非難，有時會出現羞恥與罪惡感。

---

* 譯註：真正的含義是嫉妒。

> 整體而言，嫉妒與羨慕是「失落」與「缺乏」之間的對比，這在女性的友誼格外明顯。研究顯示，相較於男性，生理女性之間更常碰到高度「友情嫉妒」，可能失去最好的朋友。我們在第一章提到女性有照料與交友的壓力，也就是女性這個角色在演化的設定上，會想確保團體緊密完整。正因如此，女性通常在友誼生變時會很難受，尤其是看到那位朋友和別人建立起新情誼時。當然，這過程中有很多細膩之處，但光是察覺到這些感覺，就能舒緩並順應羨慕與嫉妒的不悅感，並在情緒群系中好好探索。

3A法的第二步：接受

要從3A法最初的覺察階段前進到接受階段，不妨先深入探索友愛之情，因為我們通常對於友誼如何運作、該有多少朋友有很多想法，有時會導致微創傷。

友誼與友愛之情

我有個摯友曾引用這句話：「有的友誼是為了某原因而存在，有的只會存在一季，也有的會存在一生。」要找到這句警世名言的起源恐怕不容易，但我很喜歡其中的看法，能讓我對出現裂縫甚至瓦解的友誼釋懷。

　　研究顯示，在任何時間點，一個人能維持的友誼數量是有限的。[60]密友——也就是在這些人面前你會敞開心靈、徹夜聊到天明的那種朋友（摯友中的摯友）通常屈指可數。而交情不錯但不是密友的魔術數字大約是15；這些人可以和你有福同享、共度時光，但你不會把最私密的事告訴他們。接下來，則是你預期在派對或婚喪喜慶等重大生活事件中會見到的人，但可能不常聯絡，大約是35到50人。最後則是你在社群上會關注，並喜歡偶爾看看他們過得如何的人（如果你年紀較大，則這些人可能會列在你的賀年卡名單中），但你們很少聯絡，這樣的人數大約是150。你可能在社交網站上有好幾百個朋友與聯絡人，如果刪減名單，只剩下你依然在乎且會想念的人，大概就是150個。

　　要是你根本沒有這麼多人脈也完全沒問題——重質不重量。我有名個案叫昆恩，他會找我晤談，是因為失去了最好的朋友——他和伴侶分手時，他最愛的可卡貴賓狗裘伊和前男友一起走了，因為這隻狗是前男友養的。在多數國家，動物在法律上被視為「動產」，也就是財產，和沙發或珠寶一樣。這情況固然開始出現變化，然而我仍三不五時看見失去動物陪伴時產生微創傷的情況。我和同事研究新興的動物輔助療法，顯然另一個活生生的非人類生命可以無條件地給予愛，因此與這樣無私的生物分離，肯定令人痛徹心扉。

　　因此何必數算形形色色的朋友到底有幾個？我們一輩子的空間和時間都有限，不可能和每個有一面之緣的人維持深厚的

關係，況且很多人都不願如此吧！此外，隨著人生前進，希望、夢想與環境都會有所變化，友誼也會跟著改變。這或許不是好萊塢對友誼之愛的定義，卻很真實且充滿希望。

處理有裂痕的友誼

在心理治療中，關係破裂只是故事的一半，修補或嘗試修補也一樣重要，甚至更重要。各種關係都會有破裂的狀況，友誼久了可能淡去，或化為毒性，也可能在發生嚴重爭執事件或情境之後，轟轟烈烈地決裂，就像任何親密的連結一樣。後者無疑很容易看出，然而原本充滿信任、喜悅與愛的連結若受到緩慢侵蝕，往往讓人像奧莉薇亞這樣覺得茫然。這過程愈久，微創傷的凹痕就愈深。因此，如果你覺得一段友誼走向崩壞，不妨思考「OWN」三步驟過程，處理你的經驗，預防愛的微創傷：

O 是開放：進行一場以你為焦點的公開對話，也就是你對於發生的事情有何感受，方法是用「我」開始陳述，避免防衛心，並給朋友一起的討論機會，例如：「我認為我們的友誼最近有點不穩⋯⋯」

W 是思索：接下來，以這個第一人稱的陳述為基礎，表達思索與好奇。即使是最親密的朋友，也可能不告訴我們困難的情況，尤其是外表看起來堅強合群的人

（這種人通常需要不帶批判眼光的善良好友）。如果朋友對你的行為大幅改變，表現得似乎不符合他的性格，這就特別重要。因此，以第一步驟為基礎，你可以這樣問：「我認為我們的友誼最近有點不穩，我在想，你還好嗎……？」

N是說不：如果你開放、友善、溫暖，但朋友的回應帶有毒性（參見第191頁毒性友誼），那就是該尊重自己的時候，對這段關係說「不」。這人可能只是為了某個原因才和你做朋友，或者只做短暫的朋友，而不是終生摯友——這樣也沒關係。然而，如果你的朋友給予正面回覆，這可能會是轉捩點，能建立更深層、更令人滿意的連結。而這過程中的「拒絕」，是要維持你在關係中的個人界線。

　　有時，因為理由或時機對了，友誼會重新浮現，透過「OWN」的過程，你可以給自己空間與時間培養其他對你較有益處的連結，不必完全不留後路。然而，這過程光是用想的就可能帶來悲傷之感，因此要溫和地讓自己面對，把失落與悲傷感化為情緒群系的一部分。可以從其他朋友身上尋求情緒支援，但不要太久，以免種種憤恨與反芻破壞生活品質以及對未來的樂觀。

　　奧莉薇亞鼓起勇氣，以「OWN」三步驟與朋友對話。這

互動可說相當挑戰情緒與令人疲憊——有淚水、有擁抱，也有些希望的微光。奧莉薇亞的朋友承認，自己的消息這樣被傳開很不好受，也不知道如何告知奧莉薇亞關於她懷孕的消息，畢竟奧莉薇亞為了求子吃盡苦頭。奧莉薇亞的朋友說，寶寶出生後，剛成為新手媽媽的辛苦程度超乎預期，但覺得不能把這苦惱告訴求子不得的人。母職、工作與生活的蠟燭多頭燒，差點擊潰奧莉薇亞的朋友：時時被WhatsApp裡英國國家生育信託基金會（NCT）的群組訊息轟炸，又得努力保住自由作家的職業，設法讓多頭馬車並進——這就是造成麵包屑與粉紅旗的主因。在這次的對話中，朋友認為奧莉薇亞過去沒有仔細聆聽，這點她能理解，畢竟奧莉薇亞當時正處在辛苦的時期。奧莉薇亞覺得這話聽起來很難受，但她盡力不要有反應，而是接受朋友的誠實。當我們開始理解關於愛的微創傷時，要能在這過程中承擔自己的責任，即使一開始很困難。

有樣學樣

如今，我們對於愛的微創傷主題有愈漸完整的概念，但還有一片重要拼圖——社會學習理論（Social Learning Theory）。這理論基本上是說：「你做什麼，我做什麼。」也就是我們會模仿他人行為，通常是主要照護者，或者是我們重視與尊敬的人。[61]這理論在1960年代晚期由心理學家亞柏特・班度拉（Albert Bandura）引介，他是依據早期的制約理論（見第四章）而提出，不過班度拉教授指出，我們不需要直接經歷什麼事，

透過替代學習就能形成聯想。班度拉的「波波玩偶」（Bobo doll）實驗如今相當知名，研究者發現，孩子看到別人毆打娃娃之後，較可能以類似的方式毆打同一個塑膠玩具。孩子目睹電視上的暴力所受到的影響也引發相當大的關注，1972年美國衛生局長亦宣稱，電視暴力是公衛問題。這些實驗至今受到很多批評，但共同論點是，社會學習會影響我們的經驗，正因如此，我們周遭的世界與所吸收的資訊，也是微創傷的一部分。

奧莉薇亞和許多人一樣（包括我自己），在成長過程中看過的書與電影都說，最好的朋友是終生好友，這也給予她一種觀念，讓她相信友誼就該如此。而在她的家庭，即使他們搬家，母親也和閨蜜保持密切的友誼；並且無論他們搬幾次家，這些「阿姨」都可說看著奧莉薇亞和她的手足長大。這在奧莉薇亞的信念中設下高標準，因此當她的友誼不那麼符合時，覺得特別失望。

3A法的第三步：行動

3A法的行動階段策略對各種愛的關係都有幫助──從浪漫情愛到親情之愛都是，友誼之愛也不例外。

各種愛的長期實踐之道

學習傾聽──LISTEN

心理師在接受訓練時，會學習「積極傾聽」這項技能。你

也可以藉此改善愛的關係品質。積極傾聽和一般耳聞不一樣，耳聞是相當被動的溝通方式，積極傾聽則需要專注與力氣。然而付出力氣絕對值得，可以完全改變親密關係。積極傾聽的目的，是要探索對方傳達出的情緒意義，而不只是話語表面意義。試試我提出的「LISTEN」技巧，這是依據人類心理學家巨擘卡爾‧羅傑斯（Carl Rogers）生前的學說而來：

L是觀察（look）：積極傾聽會牽涉到言語與非言語的溝通。因此，先從留意自己能看到什麼開始。你愛的人會以眼神接觸、視線、展現的小手勢、身體姿勢、臉部表情甚至微表情，傳達各式各樣的訊息。

I是不一致（incongruence）：無論某人對你說什麼，他們的非語言表現可能會不一致，也就是矛盾。通常非語言的訊息能更精準反映某人的感受。因此如果你的伴侶或朋友說：「我沒事、沒關係，一切都很好。」但肩膀拱起，雙臂交叉在胸前，無法維持視線接觸，那你大可以說，他們很好才怪呢！

S是靜默（silence）：當我們並未積極傾聽他人說話時，心思常會往前衝，思考該怎麼回應。這樣通常會導致倉促回應，或者粗率打岔。保留靜默的空間，一開始可能讓人卻步，卻能讓你處理言語與非言語的訊

息（說什麼、怎麼說），而且有機會讓你的朋友更敞
開心胸。

T 是碰觸（touch）：人類有出於直覺、非言語的溝通
方式，稱為「社交碰觸」。光是把手放到別人手臂或
肩膀上，輕輕一捏，這短短幾秒就比滔滔不絕說話更
能傳達同情與理解。若是想安撫，讓同伴平靜下來，
社交碰觸也格外有效，可用來分享各種情感經驗。

E 是強調（emphasis）：聲音是重要的溝通元素，例
如語氣、音調高低、語速、音量與清晰度。並不是要
逐一思考這些特色——你會從與他人的互動經驗中，
發覺某些言語模式可能透露什麼。比方說，如果有人
像機關槍一樣，連續大聲嚷嚷，那就不太可能表示他
們沒問題！人人都有獨特的言語模式，因此觀察對方
是否和平常對話時不一樣比較有用。

N 是留意自己（noticing yourself）：要解讀你關愛
的人傳達出何種情緒意義，另一個線索是注意在互動
時，你的身體發生什麼事。比方說，你身體開始緊
張，但在兩人互動之前不會如此？你在情緒、身體與
感知上有何感受？我們內在的即時反應經常可告訴我
們許多對方發生的事。

　　積極傾聽是一種技能，需要練習，你和所愛的人或許能一同練習這技能。無論如何，我希望你試試這項技巧，看看會如何改變你社交互動的結果！

重新學習LOVE

　　這一章出現好多以英文單字來記憶的口訣！我挺喜歡善用這些輕鬆好記的技巧，畢竟我們生活忙碌，常會忘記如何對最關心的人表達愛。我會這樣提醒自己愛的基礎：

L是傾聽（LISTEN）：這是關愛的第一個層面，非常重要；上一段就是專論關於傾聽的技巧！

O是開放（OPENNESS）：誠實與開放的溝通，能讓關係成長茁壯，但有時我們會不清楚該怎麼做。想想看你們關係深化的那些時刻——是你們兩人都擺出最美的表情，或是卸下面具、露出內在柔軟的部分？表現脆弱，會讓密切的連結更強壯。

V是價值觀（VALUES）：當我們承認與尊重彼此的價值觀時，連結就會強化。這不表示你必須凡事都要同意朋友或所愛的人之見解，但擁有共同價值觀，有助於你們在較表層的議題上表達不同意見。

E 是讓你所愛的人成為他們自己（ENABLE）：真正的愛（非好萊塢式）來自深層的接受。人是會改變的，而我們可以給予支持——不過，我們不該嘗試改變所愛的人。這不是刻意順應虐待、重大創傷或微創傷，但如果有人跨越我們生活的紅線或界線，即使是我們深愛的人也務必要自我保護，你可能必須離開一段關係，因為我們改變不了別人。然而，在健康的關係中，讓我們愛的人在安全可信賴的空間做自己，保持自我的本質，是人類之愛的極致。[62]

學習這些愛的技能，正是奧莉薇亞與朋友的轉捩點。雖然我無法說她倆的友誼在一夕間奇妙地和好如初，畢竟她們的確走上相當不同的人生，但現在有修復的希望。體認到當時大家都處於人生的十字路口，讓奧莉薇亞在這段關係中能鬆口氣，並專注於自己能做些什麼，改善她對於愛的連結品質。

關於愛的最後提醒……

所有愛過你的人，讓你成為今天的你。

心理師梅格博士的日記提示
　　關於愛

1. 寫下你在關係中的三項特質，以及如何在你愛的人面前展現每種特質。

2. 你在關係中學到最重要的事是什麼？在此思考不同類型的愛，並好好探索。

3. 你如何從所愛的人獲得力量？

第八章的重點筆記

愛確實和一切息息相關，但我們在這裡只淺談關於愛的微創傷。然而，察覺到各種愛（而不是只有浪漫情愛）都可能和微創傷有關，即可幫助你度過其他關係中出現的困難，例如友誼。雖然早期的依附型態很重要，但不是無可撼動。我們可採用想要的方式，建立令人滿足的未來連結──只要能培養出接受的意識，並採取行動。

第九章

入眠，竟是遙不可及的夢？

　　你有睡眠困擾嗎？子夜時分這個折騰人的問題，也是另一個我會遇到的微創傷類型，且上門求助的人往往已試過各種療法、藥劑、酊劑與不勝枚舉的產品，也曾嘗試改變習慣。但如果你問那些能好好睡覺的人究竟做了什麼事捕捉睡意，答案通常是「啥都沒做」──聽起來真氣人，又覺得好羨慕。全球睡眠經濟的價值高達數千億，這麼快速成長的產業當然是門大生意。但邏輯告訴我們，如果這些產品真的有用，那麼我們夜裡的苦難不該引來這麼激烈的競爭才對。究竟怎麼回事？從微創

傷可能找到一些答案。我們先來聽聽哈珀的敘述：

我知道自己太敏感了，所以睡不著。從小我就聽人說我太敏感，爸爸稱我是豌豆公主——童話故事中的她，即使隔了20張床墊，還是感覺得到底下一粒小小的豌豆。爸爸說的口吻挺暖心的，彷彿樂於證明我這孩子與眾不同，甚至相當出眾，但是我的敏感現在完全毀了我的生活。

媽媽說，我一直是這樣。不光睡眠，對什麼都很敏感。我記得在小學時，若朋友起了爭執，我會覺得很不舒服——即使朋友不是和很少與人吵架的我爭執。我也不太愛在操場上尖叫、不喜歡別的孩子推我。我在安靜的閱讀時間絕對開心得多。

但當年我並沒有睡眠問題——這是我動手術之後才發生的。我在復原期間常痛得徹夜未眠，所以我會上網好幾個小時，不是看網飛之類的平台，而是研究與聆聽免費課程。我的睡眠模式因此不正常，我知道疲累會讓我對一切更敏感，儘管其他人都不覺得那些事有什麼問題。但我想解決這問題，也嘗試過許多辦法，可惜都沒什麼助益。

我真的很需要睡覺,覺得快精神失常了⋯⋯你可以幫助我不要那麼敏感嗎?

關於睡眠,哈珀知道的可多了——真的很多。如果你曾很難追上「睡魔」,那麼你知道的應該也不少。極端的睡眠不足會讓人覺得精神錯亂,曾被用來當作嚴刑拷問的手段。人們常會花好幾個小時上網,研究關於睡眠的一切,甚至到了執念的程度。我不會說這樣就能滿足3A法的覺察階段,因為滿腦子都是睡眠,往往是造成睡眠失調的持續因子。

為何我們掛念睡眠?

睡眠是一種自然狀態,幫助身心能休息與修復,但長久以來,睡眠對我們來說是個謎。關於睡眠的寓言、童話與民間傳說多不可數,可見人類對睡眠相當入迷。哈珀提到的就是這種童話,王子費盡努力尋找公主——除非這位小姐一夜難眠,否則他無法確知是否找到了真命天女。

雖然在今天聽來,這故事不太浪漫,因為公主隔天早上很可能情緒很差,但有趣的是,淺眠曾被視為優勢。在故事裡,睡不好是判斷皇室身分的作法,然而任何有慢性睡眠問題的人,都會覺得這項關聯很不討喜。對於淺眠的人來說,睡眠受到打擾絕非好事一樁。長久以來,在藝術、文學與民間故事中,都曾提過睡眠敏感的人,尤其女性。可見人類一直很在意

睡眠，只是直到現在才有辦法追蹤夜裡的每一次抽搐顫動。

什麼是失眠症？

平均而言，睡眠不足的人當中，會被診斷出有失眠症的人約為10％。不過，我們大約有三分之一的人都曾經歷睡眠障礙，導致在白天出現和睡眠有關的問題。[63]這些可能包括缺乏注意力、健忘、易怒、壓力閾值低，以及白天愛睏疲憊。然而，失眠症的診斷包括三項指標：

- 入睡困難
- 不易持續睡眠
- 提早醒來，卻無法再入睡

若要確診為失眠症，上面三個指標中需要出現一個以上、每週三天，並至少持續三個月。

此外，這項睡眠困擾的影響必定意味著你白天的運作能力降低，無法執行平時的職責、角色與責任。睡眠困擾必須搗亂的你生活，才能確診為失眠症。

3A法的第一步：覺察

哈珀的微創傷主題是睡不好，而在踏上療癒旅程之前，我想先探索她對這項生理需求的想法。因此在覺察階段，我們從介紹睡眠的基礎知識開始。

睡眠 101

在睡眠期間，我們通常不會察覺到周遭的世界，但身體和大腦卻無比忙碌——即使我們沒有意識到。睡眠生理學與心理學領域已有不少研究與紀錄，關於大腦、肌肉與其他身體系統活動程度的諸多變化。我們知道，大腦在睡眠時會組成新的記憶，修剪過程也這時在發生，清除白天的心智殘渣。

睡眠的好處多得難以計算，你的身心健康得仰賴睡眠才能運作。研究顯示，睡眠持續不佳和認知衰退、心血管問題、焦慮、憂鬱症、慢性疼痛等都有關係，幾乎每一種狀況都會有相關的睡眠研究。這是因為睡眠和飲食一樣，是生存所必需，缺乏睡眠勢必會讓潛伏的健康狀況惡化。不過，睡太多亦有礙健康，嗜睡症也可能成為問題。如何拿捏最理想的狀態值得好好思考：你需要適當的睡眠量，且時間長短因人而異。有人說，他們一夜很少睡超過五、六個小時，其他人則堅稱需要睡十小時才能適當運作。多數人需要的睡眠量端視於年齡決定，成人平均為七到九小時，年紀較長的人睡眠時間較少，大約七到八小時。[64]

不光是時間長短，睡眠品質也很重要。要是睡眠頻繁受到干擾，即使睡了八、九個小時，仍可能導致白天高度嗜睡，搞亂生活。事實上，許多人不知道他們有睡眠障礙、整晚都會醒來，直到找醫生求診才知道。他們總是覺得很累（tired all the time，TATT）。如果你在病歷上看到「TATT」，意思就是「總覺得累」。這種人也可能發胖，因為「垃圾睡眠」會導致我們攝取更多熱量，同時很常覺得每天都過得好辛苦。

睡眠不是單一過程，而是一連串的階段在循環。我們通常每晚會經歷四、五個完整的循環，在每個循環中，各個睡眠階段的量並不一樣（參考下方圖表）。如同書中提及的許多解釋，我們會這樣睡覺是出於演化。我們無法八小時都在深度睡眠，否則人類很難避開掠食者。因此睡眠會有幾個階段較淺眠，甚至是清醒的，這樣才能預防環境中有威脅出現。就像我們的壓

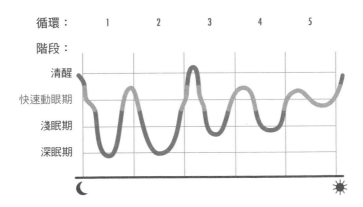

圖9.1：每晚的睡眠循環與階段

力反應還來不及追上世界的變化，從生理上來看，我們的睡眠依然和古早的人類很類似。但這麼一來，有些問題會出現，因為我們認為自己**不該**在夜裡醒來，而當我們確實完全清醒的階段，會滿腦子反芻與擔憂，無法再入眠。

這就是哈珀發生的情況。我們討論她在清醒階段想到了什麼事，她說通常是關於睡眠：她有多敏感、隔天會感覺多糟糕，沒辦法做這件事、也沒辦法搞定那件事……諸如此類——直到隔天清晨，她終於累到睡著。當然，彷彿只過了幾秒，鬧鐘就響起，於是她害怕的情況就發生了。

報復性睡前拖延症

我再看一集這恐怖影集就好、再滑幾分鐘社交網站就好……無論是哪種拖延法，如果拖延上床時間，就很可能是報復性睡前拖延症。現今這樣的情況很普遍，究其原因，正是「報復」白天的我們忽視自己的核心需求。由於生活忙亂，我們一覺醒來之後往往馬不停蹄，直到再度睡著。這過程中沒有多少空間或心思，留給驚喜、快樂或甚至白日夢。因此經過漫長的一天，我們的內在反叛，起身要求給自己一些屬於「我」的時間，即使我們知道這會對隔天產生影響，導致疲憊、壞脾氣，整個人覺得受夠了。睡前拖延症常見於青少年與女性，[65]是為了回應白天的壓力，以

及清醒時缺乏自由時間的狀況。但研究顯示，我們在白天是有時間的，[66]只是不若之前的世代，沒有一大段的連續時間。我們現在有的是分散在整天的「時間碎片」[67]，但我們通常會以工作、生活瑣事或各種無趣的任務，填滿時間碎片。因此，請不要延遲睡眠時間，導致嚴重的苦果，而是要利用白天的時間碎片，做些讓自己能露出笑容的事，例如跟狗玩、快速練習正念技巧、在大自然中發呆，安撫內在的反叛者。

自我應驗的睡眠預言

以前的人曾堅信夢境的預言能洞悉未來，只是這已成了過去式（但願是如此），但我看到許多人預測自己會睡不著──這就是微創傷真正發威之處。回憶一下，哈珀告訴過我們，她向來是敏感一族；或說從小就有人告訴她，她很敏感。這又進一步解釋，為何她察覺到的敏感度會影響自己的睡眠，甚至消耗她的人生：

> 我不再喝含咖啡因的東西，完全不碰。我先是少喝一點，中午之後不攝取咖啡因，但現在我連茶也不喝。我買了遮光窗簾、眼罩，還訂做了吻合我耳道的耳塞。我有白噪音與自然聲音播放器，不管是什麼睡眠應用程式或追蹤器我都下載了，還有一堆大人的睡前

故事有聲書，幫助我進入夢鄉。我試過褪黑激素、纈草，找遍了林林總總的藥草根與酊劑，但是都沒用——全部沒用。我在晚上不吃東西，也完全不碰辣的食物。所有助眠的健康食品我都買了，包括大麻二酚（CBD）油，浴室裡也一堆瀉鹽（Epsom salt）與薰衣草精油。醫師曾開給我一個星期的安眠藥處方，固然有效，但是白天卻虛累累，什麼事都沒辦法做，好像嚴重宿醉。我擔心自己會吃藥吃上癮，而我最不樂見的，就是對處方用藥上癮。

關於睡眠敏感度的反芻與擔憂，波及哈珀日常生活的每個部分。她已發展出相當嚴格的睡眠例行公事，要是偏離這些儀式，就會導致她陷入壓力狀態，因此旅行、度假甚至和家人住一晚，都成了遙遠的過往回憶。

正因如此，哈珀與我的下一段旅程，對她來說有點出乎意料。我問：

如果妳的高度敏感其實是一項超能力呢？

3A 法的第二步：接受

要從3A法的覺察階段前進到接受階段，光是挑戰哈珀關於睡眠與睡眠生理學的知識還不夠，因為睡眠是她微創傷的症狀，而不是微創傷本身。如同所有的微創傷類型，睡眠困難起

初像涓涓細流，之後積少成多，癱瘓了哈珀的人生。微創傷宛如滾雪球，但我們通常會等到生活中出了某些事，擾動了紙牌屋的脆弱平衡，才開始察覺到微創傷的徵兆與訊號。對哈珀而言就是手術，但微創傷的捲鬚同時觸發了《豌豆公主》——哈珀年幼時，就被貼上「太敏感」的標籤。

哈珀在療程中透露，她聽過「妳就是太敏感」的次數多得數不清，因此她把這說法內化。這句話通常像在指控，是躲不掉的個人缺失。因此，當我把這份敏感重新架構為超能力時，哈珀疲憊的雙眼含淚看著我——對她來說，通往接受的途徑成形了。

聚焦微創傷：標籤理論

標籤理論（Labelling Theory）最常使用在社會學與犯罪學的領域，通常是解釋偏差行為與犯罪行為；在精神與心理醫療保健上也有一席之地。簡言之，這理論解釋了標籤這種外在評斷，如何導致特定的行為類型發展，進而形塑一個人的行為。如果你跟孩子說他們是壞孩子、頑皮、不夠好，說太多遍後，他們很可能會變得和這個標籤一樣，讓你瞧瞧他們有多皮。同樣情況也可應用到睡眠敏感度這樣的特質，有些人可能比其他人敏感，但如果你強調這人睡眠很淺，他就可能對輕微的聲音、動靜或環境因子高度警

戒，在夜裡變得更輾轉難眠。如果標籤對個人來說有某些社會效益時尤其如此，舉例來說，幼童想得到照顧者的注意，因此藉由這種標籤，在就寢時能有更多時間和照顧者在一起。忽視或禁止標籤中的偏差行為，也可能強化這些標籤。如果某個人被公開貼標籤，這人很可能擔心造成親近的人（例如父母）情感傷痛（困窘），而不敢違抗，尤其是認同感尚在形成之時。[68] 因此，一個標籤可能輕易又快速地把好孩子變成小混混，也可能反其道而行。而以正面的方式運用標籤理論，可解決問題行為。

高敏感族群

在1990年代，學術界遠洋掀起了一股小波瀾。美國研究人員與心理學家依蓮·艾倫博士（Elaine Aron）以自身經驗進行研究。艾倫一直頗介意生活中特定層面，在一次心理療程中，治療師指出艾倫是「高敏感族」（HSP）[69]——這稱呼沒有貶意，只是代表一個觀察。於是艾倫開始收集資料，後來提出一種量表，看看是否其他人也具這項特質。在職業生涯中，艾倫博士估計15%到20%的人是高敏感族。[70] 這些特質包括：

- 在社交情境中，會受到他人的情緒與氣氛影響。
- 對聲音、光線、粗糙質地、強烈氣味、疼痛、飢

餓、刺激物（例如咖啡因）敏感，因此會努力控制
這些刺激。

- 如果遇到高度要求、有人觀察績效，或是面臨計畫
更動時，會緊張與焦慮。

- 非常認真負責，有避免犯錯的強烈渴望，如果發生
可察覺的錯誤，會陷入反芻思維模式。

- 對環境細部有很強的感知，也能欣賞外在世界的細
膩與美。

- 擁有並享受豐富複雜的內在世界，以及藝術、音樂
與其他創作領域。

　　如今這個概念廣為人知，不過艾倫博士當初提出「高敏
感」的概念時，是指一種中性的人格特質，但「敏感」現在常
被用來當成羞辱或微歧視，破壞人的名聲。若探討這個詞的定
義，可表示易被冒犯或感到不快，也能解釋成快速偵測的能
力，或是能回應微小的改變、訊號或影響。從演化觀點來看，
這可是優勢。若有能力注意到環境中細微差別，不僅能保護個
人，還能保護群體，對早期人類來說是很受重視的資產。但在
現在喧鬧、明亮與時時變化的世界，這特質可能變成缺點——
不過，我不這麼認為。

　　哈珀與我進行了一項練習：我們動動腦，想出許多超級英
雄以及他們的超強能力，寫到晤談室牆上的大紙張，見下頁：

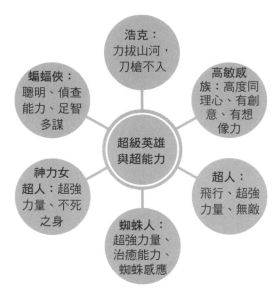

圖 9.2：超能力心智圖

　　若仔細想想，許多廣受喜愛的超級英雄都精準調整過力量，所以出類拔萃。接下來，我們進行更多重新架構的練習，列出哈珀的正向特質，讓接受階段更有效果。這些正向的特質當中，艾倫博士在高敏感族中都有提及：她能注意到他人的感受，因此是很好的朋友與閨蜜；她能深深沉浸在音樂中，聽得出神；她和動物相當親近。接下來我們看超級英雄的心智圖，探索這些虛構的角色能不能在**所有**情境下使用超能力，或者是否要或多或少控制自己的能力。想必你知道答案，若觀察各個文化與社會也能得到佐證。世界上有許多地方會肯定比較安靜、會反思、較為敏感的個人——其實只有在西方社會，才會

把盛氣凌人、說話大聲與過度外向視為是勝過眾人的優勢。然而，這也是微創傷所累積出來的效應。敏感並沒有「錯」，更重要的是，哈珀只是剛好處在備受考驗的環境，她也因此建立起一個不斷告訴自己這項特質很麻煩的信念。

夢境治療

人類有史以來總是對夢境好奇不已，可是夢境究竟代表什麼？雖然夢境分析這領域沒有科學基礎，但現在有許多研究提供線索，說明夢境的目的。大名鼎鼎的精神分析之父佛洛伊德指出，夢境是潛意識心靈在訴說我們最深層的慾望與渴求。另一位知名的精神分析學家榮格則反對這項論點，提出夢境是把我們清醒時的生活問題，透過普世共通的畫面與主題，傳達到意識，並稱之為「原型」（archetype）。由此看來，這兩位開啟先河的人物都相信夢境的意義，現在的研究也發現，提到情緒時，夢境確實有其目的──微創傷也是。

20世紀晚期進行的研究發現，絕大多數的夢似乎都是負面的──回憶夢境的報告中，約有四分之一與不愉快的感覺有關。[71] 理論指出，大腦以夢的方式處理較困難的情緒，因為在清醒的生活中，我們不易表達這些情緒。換言之，心靈可能趁我們睡覺時處理

微創傷。神經科學家羅莎琳‧凱瑞特（Rosalind
Cartwright）研究離婚的創傷，發現這些不愉快的夢
或甚至惡夢，似乎會讓在分手後罹患憂鬱症的人，更
能從情感創傷中恢復。[72]

　　所以，下一次你做惡夢時，試著重新架構，把可
怕的經驗當成免費的治療，這樣或許能讓你的腳步更
有活力，邁向新的一天。

3A 法的第三步：行動

　　並非每個睡眠品質不佳的人都是高敏感族，正如所有的微
創傷，每個人在生活中都有自己獨特的脈絡，導致人生不那麼
有活力，但我認為，有條普世共通的方式可處理睡眠微創傷。
這個辦法是「鈍化與聯想」，而在我們整天忙亂的世界裡，鈍
化尤其能帶來轉變。以下方法可以幫助我們，讓睡眠變成不再
費力的過程。

睡眠時間的策略

運用睡眠限制，改善睡眠品質

　　如果你覺得現在的睡眠情況不理想，再也無法回歸自然模
式，那麼「睡眠限制法」可重新設定你的生理時鐘。這個方法
挺有挑戰的，因此我建議在你的作息時間很清楚時才使用，這

樣最可能遵循下列步驟。我曾透過這方法，讓有嚴重睡眠創傷的人恢復人生色彩。作法如下：

第一階段——了解自己的睡眠效率。在床邊擺好筆和筆記本，記錄以下資料至少一週：

> 你**躺在床上的時間**，以一週每晚的平均時間，無論是
> 醒著或睡著；以及你**睡著時間**的估計值，即使睡眠曾
> 中斷也沒關係。

我不建議使用睡眠追蹤器或應用程式，因為這常會讓人更掛念睡眠不佳。使用紙筆的老派作法就行了。接下來要做點計算，運用上述資訊，算出你的睡眠效率分數。只需把睡著的時間除以你躺在床上的時間，再乘100，得出睡眠效率：

$$（總睡眠時間 ÷ 在床上的總時間）× 100$$
$$= 你的睡眠效率$$

哈珀的例子：

$$（5.5小時睡眠時間 ÷ 10小時在床上的時間）× 100$$
$$= 睡眠效率為55\%$$

沒有人的睡眠效率能百分之百，而睡眠效率佳的範圍約是80%到85%（對沒有長期健康狀況的人來說是如此），哈珀的睡眠問題無疑導致睡眠不足，在白天會出現許多嚴重問題。

第二階段——知道自己的睡眠效率，就能繼續進行睡眠限制階段：

你的**睡眠時段**就是你平均的睡眠時間，而不是你躺在床上的時間長短。在這階段，睡眠時段就是你能待在床上的總時數。以哈珀為例，是 5.5 小時。

接下來，設定你的**閾值時間**，就是你要上床展開睡眠時段的時間。對哈珀來說，她就寢時間挺早的，表示她有很多時間躺在床上，擔心自己為什麼睡不著，因此我們講好要把閾值時間大幅延後到午夜。

結合閾值時間與睡眠時段後，再給自己一段「**定錨時間**」，這個時間即使還很睏仍得起床。以哈珀的例子來說就是清晨 5:30，聽起來很辛苦吧！但關鍵是改善睡眠效率，逆轉長久以來遭到破壞的睡眠模式。

目標是利用右頁的時間表一星期，給自己的身心強烈的睡眠動力。即使你快受不了，還是要依循三項睡眠限制：

- 超過**閾值時間**才可以就寢。
- 只有**睡眠時段**待在床上。
- 早上**定錨時間**就要起床，無論感到疲憊或愛睏也一樣。

第三階段——來到最後階段，可開始增加睡眠時間，但首先需要重新計算睡眠效率，並依據以下指引，調整睡眠時段：

時間	閾值時間	
晚上10點	午夜0:00——就寢時間	
晚上11點		
午夜12點	睡眠時段	
凌晨1點		
凌晨2點	可待在床上5.5小時	
凌晨3點	（你的平均睡眠時間）	
凌晨4點		
清晨5點		
清晨6點	定錨時間	
早上7點	清晨5:30——起床	
早上8點		

- 如果你的睡眠效率超過85%，可在睡眠時段另外加15分鐘。以哈珀來說，新的睡眠時段是5小時45分鐘。
- 若介於80%到85%，請繼續維持你的睡眠時段一星期。
- 如果睡眠效率低於80%，就把睡眠時段再減少15分鐘。

這是漸進過程，要有點耐心，就算覺得自己什麼都嘗試過了，再試試看這個辦法，因為這是擺脫睡眠不佳的有效方式。

讓身心鈍化的方法

接下來的祕訣通常收錄在睡眠衛生指南中，是良好的睡眠

練習──讓你的睡眠無可挑剔！以下整體建議來自經驗法則，有助於降低身心的生理反應，更容易在就寢時間進入夢鄉。早期人類完全不需要這些指引，但如今我們生活在科技掛帥的世界，飲食也經過高度加工，因此要格外注意我們每天接觸到的刺激物，必要時盡量減少。然而，務必記得，這些方法都必須保持彈性，才能融入你的生活、旅行與家庭。如果你對下列規則覺得焦慮或僵化，不妨先探討你的思考模式（見第四章）。

古諺說，臥室只供睡眠與性愛使用，這句話依然有道理。所以把有螢幕的東西如手機與平板丟出臥室吧！我聽到你大喊：「但我用手機當鬧鐘！」嗯，容我忠言逆耳：建議不要這樣做。買個傳統的鬧鐘或日出模擬器花不了多少錢，卻能讓你更容易起床。抗拒把手機留在臥室外，較大的原因是報復性睡前拖延症與微創傷。因此，如果你很難不在夜裡看訊息、社交媒體或電郵，得先處理這些狀況。

咖啡因、巧克力以及某些種類的食物（辣的、香的與開胃的）具有刺激性，因此下午三點之後，把這些食物換成讓人較鎮定的食物。咖啡因的半衰期大約是五、六個小時，端視你的代謝能力；如果你在疲憊的下午三、四點喝杯有咖啡因的飲料提神，和在睡前喝一小杯咖啡是一樣的。[73]

難消化與富含熱量的餐點（例如麵包、義大利麵或其他富含澱粉的食物）剛下肚時也可能讓我們覺得愛睏，因為消化系統在處理這些食物；但由於不易消化，胃腸需要更努力工作，這樣反而會啟動身體，讓我們清醒。當然，偶爾和朋友一起吃

咖哩當晚餐不會有害；這些建議只是要給你堅實的睡眠基礎，支持優質睡眠，恢復活力，讓睡眠不再是心靈與身體的戰場。

睡前來杯酒助眠，是常見的錯誤觀念。事實上，一點酒精飲料可能讓我們覺得想睡，但身體在代謝酒精時其實會打擾睡眠。根據經驗法則，每喝一份酒，都相當於減少一小時的睡眠（即使白天也是如此）。隨著我們喝的份量穩定增加，紅酒與蘋果酒的酒精強度愈漸濃烈，我們可能很難確知自己究竟喝了多少。舉例來說，現在一大杯酒相當於三分之一瓶，如果你一天喝了三杯酒，就相當於狂飲一整瓶！這相當於九到十個單位的酒精，意味著一整晚都得不到優質睡眠。

許多處方與非處方藥都可能干擾睡眠，例如乙型交感神經阻斷劑、皮質類固醇、抗憂鬱用藥選擇性血清素再攝取抑制劑（SSRI），都會改變我們的生理。比方說，皮質類固醇是模仿腎上腺自然分泌的激素效果，而腎上腺是神經系統的一部分，這過程會啟動大腦與身體。如果需要服藥，則詢問醫師能否提早服用，讓身體有時間靜下來。

整體而言，臥室最佳溫度是攝氏18度。太熱或太冷的房間都可能阻礙睡眠，因為身體需要努力調節才能變涼或溫暖。人體在晚上會自然降溫，促進睡眠，而我們可以利用一種技巧，誘發更強的睡意。在睡前泡個熱水澡，讓核心體溫升高，而身體涼爽後體溫又會下降，帶來睡意。順勢而為，把這當成睡前儀式（見下段文字），讓自己自然進入想睡的狀態。

我們經過演化，本應每天到處移動，如果你和現今世上多

數人一樣，每天坐在辦公桌前或是靜態的工作，試著把一些活動時間融入你的時程表。否則你的身體沒有機會利用體能，燃燒熱量。然而，避免在睡前三、四個小時做費力的運動，這樣反而會讓身體重新啟動。

把煩惱關機

關於睡眠的侵入性思維可能在就寢時讓人難受，但許多人內心會反覆上演白天發生的事，有時未必是當天的事，而是幾週、幾個月或是幾年前。在內心感知或投射一項失禮、錯誤或輕蔑事件，會啟動內在的壓力反應，造成反芻，或是擔心自己重蹈覆徹。你或許想起，十年前在一場婚禮上忘了某人的名字，感覺一陣臉紅，而大家圍著圈圈聊天時，你感受到大家憐憫的眼光多麼沉重，於是你雙手顫抖。我們鑽進被窩時，心裡經常沒完沒了地上演著犯錯的事——這經常會突然發生，而很多人說，他們無力阻止這些內在對話。研究顯示，這些沒有幫助的思維是「睡眠復仇女神」，[74]因為睡眠永遠無法凌駕壓力反應[75]——在面對威脅（實質或想像的威脅）時，我們想要生存的慾望就是這麼強。但有個簡單的辦法，可以讓這些想法關機，也是我在就寢時間與夜裡最喜歡做的事。

在你的腦海中，每隔一秒就說「the」這個字。「the」沒有情感意涵，不會觸動壓力反應，但是專心於默念這個字時，內心的專注程度剛好足以阻止我們陷入剝奪睡眠的深淵，掛念過去的錯誤與對未來的恐懼。

利用聯想設定就寢慣例

　　第四章談到聯想如何對我們造成負面影響，透過微創傷啟動壓力反應，造成逃避型行為。不過，我們可以善用聯想的力量，把它運用在好的方面！

　　孩子需要逐步減少活動才會靜下來，可惜我們長大後忘了這一點。我們都是大孩子，在生活中「忙、盲、茫」。不妨從孩子的睡前慣例學點招數，把一些活動與睡覺時間聯想在一起。藉由設定一系列儀式，我們可以讓內心漸漸靜下來。雖然許多人都希望大腦像電燈一樣，開關自如，但人類天生不是如此。不過，我們可以設定睡前慣例，漸漸關閉腦袋裡轉個不停的處理器。

就寢儀式

　　大約在睡前 60 到 90 分鐘展開就寢儀式：關閉電視、平板、電腦，停止其他任何有刺激性的活動。

　　選個相對能鎮定舒緩的活動，例如閱讀、聆聽輕音樂、播放冥想音檔，或是做點藝術作品。

　　如果你喜歡泡澡放鬆。不妨運用柔和的光線，點上蠟燭，來點香氛，給自己小小的 SPA 時光。

　　溫和的伸展與呼吸練習，也可以加入放鬆儀式。

　　寫下明天要做的事，讓大腦卸下重擔。趁著你在晚上的清醒時段這樣做，腦袋就不會團團轉地提醒你

明天的任務。在睡前寫日記是另一種紓解一天壓力的
方法。

多嘗試才能找出對你來說有用的作法；別忘了，
需要花點時間才能建立不同的聯想，以新路徑重寫大
腦。一旦強化了這些聯想，你會發現光是展開睡前慣
例，就會讓你感到睡意。

 心理師梅格博士的日記提示
一夜好眠

1. 你的每日一字是……？思考一下你選這個字的原因。

2. 你想把什麼事留在今天就好？

3. 你希望把什麼事情帶到明天？

4. 為明天指定「每日一字」。這個字對你來說有何意義。

第九章的重點筆記

睡眠問題席捲全球，人人都需要睡眠才能恢復力氣，展開日常生活，因此查明造成微創傷的原因，以及探究可能造成失眠的原因，對身心健康來說都很重要。雖然高敏感族容易受環境影響，更容易醒來，也可能在睡覺時滿腦子各種思維，但睡眠障礙不只發生在高敏感族。了解睡眠不佳的原因，接受自己的獨特性，並採取策略行動，重設生理時鐘，能幫助你一夜好眠。

第十章

人生過渡期

　　我在大學就讀心理系時，最受關注的是兒童發展，而整個生命歷程的發展較少受到重視。發展心理學通常會採用階段論，兒童會在定義明確的年齡依序通過各個階段。當時我認為這不可能完全精準，即使某個孩子不符合這些年齡範圍，也不代表他有什麼問題或是「遲緩」，畢竟身為人類，天生差異就相當大。如今大部分的同業都同意，階段理論比較像是指引，不是僵化的里程碑，只是大家過於習慣使用發展基準，導致許多人相當焦慮，父母尤其念念不忘這些里程碑──這不難理

解，但有些孩子到底何時要展現某些特徵，可是隨他們高興！然而，不光是童年時期如此，多數文化也常這樣看待成年人，認為到了人生的某個階段「就該」達成某些里程碑。要是沒能跨越那些看不見的線，「沒達成目標」的感受也可能是一種微創傷，尤其我們看著別人，認為他們全都達成目標了。說到這，我想介紹芙蕾亞，她是位漂亮的年輕女子，在30歲生日前夕找上了我：

> 我知道聽起來很愚蠢，但我覺得進入而立之年挺可怕的——我覺得自己現在一事無成，也不知該做些什麼，不僅工作如此，連是否該維持現有關係等都是這樣。我不認為自己這輩子能買得起房子，如果連穩定的住所都沒有，又怎麼思考該不該生小孩呢？一切……真的是一切毫無頭緒。我試著和家人談這件事情，他們只會搪塞，說事情一定會解決的——但怎麼解決？我甚至不確定自己是誰，或該是什麼樣的人。我彷彿愈活愈倒退，畢竟我剛入社會時還知道是怎麼回事（或說我以為自己知道），現在卻不知道了。我不知道該怎麼處理自己，我的人生該怎麼辦？

當然，我不能代替芙蕾亞回答這個問題，因為她才是有答案的人——但我們可以仰賴3A法，探究答案。

「我究竟是誰？」

　　最知名的階段論包括愛利克・艾瑞克森（Erik Erikson）的「心理社會發展階段」，以及丹尼爾・萊文森（Daniel Levinson）的著作《男人的人生四季》（*The Seasons of a Man's Life*）（參見右頁的表格）。[76] 這兩個理論都認為成年從18歲開始，並且有幾個定義明確的發展階段，包括青壯年、中年與晚年。我們對於人的社會與心理理解，不少是依據這些理論，但這些概念從什麼樣的脈絡產生，值得花點時間思考。艾瑞克森的理論發表於1950年，萊文森則是1978年。想一下那幾十年的生活，例如性別角色如何發揮，就能明白為何我們應該對這些廣為接受的階段抱持保留態度。此外，萊文森的理論標題也帶有偏見：「男人的人生」反映出的是他和多數心理學家、研究人員與科學家所提出的理論，主要依據順性別男性參與者的研究。萊文森後來對女性進行訪談，果然發現了一些差異。不過，由於這些模型的目標是要辨識出成年人生命的共同主題，因此本質上是把人隨意分成幾個類別，排除人類經驗的複雜性與多樣性，以及一個人的背景所造成的影響。

聚焦微創傷：科學研究的性別偏見

　　萊文森當初發表理論時，標題或許不會引人不悅。直到相當近期，女性生理（以及心理）複雜得難

以研究的觀念，才在科學與媒體研究中廣為流傳。過去大部分創新的研究都是依據雄性生物學而來——人類、動物甚至細胞都是如此。[77, 78] 心理學研究與理論無疑也是這麼形成，直到 1970 年代，研究人員才意識到這問題。[79] 只是許多成年人生過渡期與發展的模型，仍以這些觀念為基礎，因此我們應該注意這個現象，以及其他人口統計學上的偏誤。

成年人心理發展

發展期	艾瑞克森心理社會衝突	萊文森過渡／危機點	社會與生物時鐘的緊張關係
青壯年 20—40歲	親密 vs 疏離	青壯年過渡期 17—22歲	完成教育、第一份工作、尋找伴侶
		30歲過渡期 28—33歲	關注伴侶與職業選擇；成為父母
中年 40—65歲	生產力充沛 vs 頹廢停滯	中年過渡期 40—45歲	明顯關注未實現的夢想，包括家庭與事業；更年期前期
		50歲過渡期 50–55歲	空巢期；更年期；三明治世代的壓力
晚年 65歲—死亡	統整 vs 絕望	晚年過渡期 60—65歲	接受生命的選擇，退休（包括自願與非自願）；自然老化；當祖父母

雖然有這些偏見，我們仍不能忽略在這些研究與理論化區塊中，富含許多珍貴發現——主要是說，我們一生中會經過不同的發展階段，而在這些階段中有很多過渡期，通常被稱為「危機」。如果我們把艾瑞克森與萊文森的理論加以比較，尤其是艾瑞克森的心理社會衝突，以及萊文森提到的過渡點，就能構築出過渡期與微創傷之間的關聯。整體而言，並不是過渡本身造成微創傷，而是微創傷可能讓人更難通過人生過渡期的危機或心理社會衝突。芙蕾亞描述的聽起來當然像是危機——事實上是過渡期危機。我們需要在3A法的覺察階段下點功夫，探索有沒有某個微創傷，讓她這趟旅程更加辛苦。

「我年紀太輕，不會有這種感覺！」

萊文森的理論中清楚包含了30歲過渡期，有時稱為「青年危機」。當然，並非人人在30歲前夕都會面臨危機，危機感也可能來得比較晚——我們都會在人生的不同時間點經歷過渡期。然而關於過渡性危機的研究領域，主要著眼於「中年危機」——這個詞是1957年由加拿大精神分析師與社會科學家艾略特・賈克斯博士（Elliott Jaques）所提出，他在晤談時觀察到中年人（主要為男性）會展現出如今看來是標準中年危機的行為，設法讓自己看起來更年輕、買跑車並外遇，努力想抓住青春，逃避難免的身體衰敗，以及最終的死亡。[80]

最有意思的是，賈克斯博士的報告發現，沒能符合自身與社會對人生里程碑期望的人，可能會更強烈體驗到這種危機，

而且比起在特定時間點輕鬆達到社會文化給予的人生目標者，沒能達標的人在過渡階段會更辛苦掙扎。換言之，當人們看著朋友、所愛的人與社群媒體時，會不斷在耳邊迴盪這個問題：「我活到這年紀了，現在表現如何？」同樣情況也發生在30歲左右的青壯年。

社會時鐘

說到人生里程碑，我們常會談到生理時鐘——至少提到生孩子是如此，卻鮮少提到社會時鐘。[81] 如同生理時鐘，社會時鐘也是和時間賽跑，會以年齡來確認一個人的重大生活事件是否符合社會與文化期待，例如找到第一份工作、投入一段關係或結婚、買房子、工作升遷與退休。社會時鐘似乎是普世的現象，甚至成為桌遊的主題。玩具公司孩之寶曾推出《生命之旅》*桌遊（The Game of Life），去年聖誕節外甥子女想玩，我才想起這套桌遊，如今除了增加了幾個小人偶，其他仍大同小異。這遊戲精準地說明，社會時鐘在許多文化中多麼無孔不入，然而你無法從這套桌遊中理解，社會時鐘如何影響人以及影響的差異有多廣。[82] 就像心理學常見的情況，如果你相信某件事很重要，那件事就會變得很重要——但當你深入了解情形，會發現那東西和表面上不同。

＊ 譯註：模仿人生各個階段的桌遊，有許多關卡與選擇。

回頭看看芙蕾亞的敘述，會發現有好多「應該」、「本來就要」與「肯定」──這都是「全有或全無」思維的各種型態（見第四章）。但是把人生途徑如此概念化的作法，並不是芙蕾亞的失誤；這種微創傷來自於生活在支持社會時鐘概念的環境。為了幫助芙蕾亞一窺社會文化微創傷的背後，我們在展開3A法之旅時，先從鳥瞰人生至今的景色開始。

3A 法的第一步：覺察

繪製人生地圖

像芙蕾亞這樣面臨人生交叉路口的個案，我常使用人生地圖法。這樣有助於把鏡頭拉遠，提高覺察。我們拿一張白紙，畫一條直線，在線的左邊寫下芙蕾亞的出生日期，像這樣：

出生日期 ━━━━━━━━━━━━━━▶

然後我請芙蕾亞回想自己的經驗，並在人生地圖上標示出來──你也可以這樣做，標出：

- 對你來說重要的里程碑或事件。別理會社會習俗會如何要求你在某些期限達成。
- 你感到自豪的成就或實現的事，或是以某些重要方式改變你的事件 。

- 把正面的事件畫在人生地圖的上半部，較負面的畫在下半部。每條線的高度要能反映出事件影響你的程度，這樣才能看出在你的人生中什麼最有改變的力量（包括好的，以及不那麼有趣的）。你也可以加上事件發生時的年齡，讓你的時間歷程更清楚。

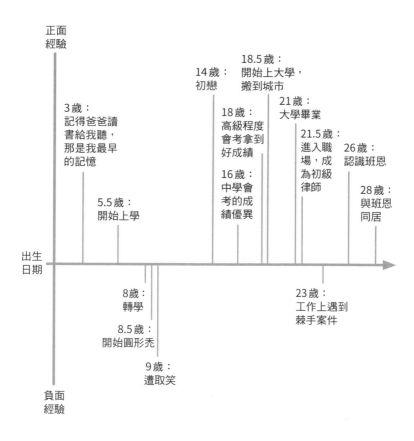

接下來思考這些探究式問題，幫助你在3A法的覺察階段找出更多細節：

- 你在這趟旅程中，克服了什麼障礙？怎麼做到的？
- 在春風得意與陷入低潮時，你對自己有何發現？
- 你在人生地圖是否看出共同或經常出現的價值觀？

現在，往後退一步，看看人生地圖上的概況，把它視為別人的地圖。當你從遠方看到他人的人生地圖時，你對這人有什麼感覺？

在觀看芙蕾亞的人生地圖時，她的微創傷與一些重大生活事件清楚浮現。還記得第一章嗎？我們曾短暫提過微創傷與重大生活事件的差異：重大生活事件是比較明顯與容易注意到的經驗，多數人會認為是有挑戰性或有改變性的。芙蕾亞經歷過不少這樣的事件，例如轉學、進入小學、中學、大學就讀與畢業，有傑出的個人成就，也曾搬家，這些事情都對她有影響。不過，我們比較關心的是微創傷，以及格外引起我注意的一兩件細膩傷痕——尤其是芙蕾亞在工作上碰到的困難案件。

在成人世界的孩子

芙蕾亞擔任初級律師時，專門處理家事法，有回她被指派協助一樁充滿火藥味的離婚案件，牽涉到兩個孩子。她很清楚，任何牽扯到分財產的案子都可能有點醜陋，但她說她沒做

好準備，不知道情況會變得這麼難看。芙蕾亞的當事人「無所不用其極」，只為了得到財產讓渡，而芙蕾亞說，就在這一刻，她自己人生道路中的沉重債務探出了頭。她用功讀書，背著大筆學貸——芙蕾亞知道，自己在同齡者中算收入不錯，卻開始覺得這在她的道德羅盤上得付出高昂的代價。她提到，當時自己就像個小女孩，在那情境之下完全無助，因為身為初級律師，她別無選擇，只能努力處理這項案件，否則可能工作與職涯都不保，這樣永遠無法保障財務安全。少了這些，她沒有辦法建立自己的家庭。

聚焦微創傷：道德傷害

　　道德傷害的概念起源於武裝衝突或緊急醫療案件的情況，指的是有人目睹違反其核心道德價值觀與信念的事，卻無法採取行動，或甚至自己就是執行者。[83]在新冠肺炎大流行期間，許多醫護人員說他們的行為有道德傷害，因為他們必須分配治療資源，這樣做衝擊到一些重症病人的生存，違背他們「不傷害」所有病人的核心誓言。然而，只要有不公不義、察覺到殘暴行為、貶損一個人的地位，或任何違背其所重視的道德規範之處，任何人在任何背景都可能碰到道德傷害。這時形成的微創傷通常從困惑開始，之後演變成對他人的怨恨，最後加上對自己的罪惡感與羞愧。就

> 像所有的微創傷，如果這是在戰區發生，比較能看得
> 出來；但如果發生比較幽微的道德傷害，例如芙蕾亞
> 的情況，人們會覺得很難討論，只能默默接受。

我的同業、教練心理學家席拉·潘查爾（Sheila Panchal）曾進行啟迪人心的研究，探討即將30歲或青年危機的過渡期，結果發現在芙蕾亞此刻的人生階段，對自己事業軌跡的省思並不罕見。[84, 85] 她在這條軌跡上投入了大量時間，現在也要投入金錢，卻發現並非想像中的美好，會讓人感覺到很大的考驗。除此之外，這階段還有一股衝動，想要豐厚的薪水與地位──在生活費高漲的今日，這樣的渴望似乎更強烈。等到人們漸漸遠離十幾二十歲輕率魯莽的享樂生活，接近30歲時，漸漸不再認為自己的體力所向披靡，不像當年蠟燭兩頭燒根本不成問題。的確，我會說歷史上並未像當今這樣，30歲危機的警報聲這麼嚇人。

困惑與茫然

對芙蕾亞來說，她經歷到的道德傷害也讓她質疑自己的職業選擇，連帶質疑起她的關係。如果再看看237頁的表，會發現這兩種內在戰爭可視為是親密與孤立之間的衝突。在人生的某時間點──可能是30歲左右，也可能更早或更晚，我們對親密的需求與獨立的渴望之間，會出現情感與心理上的緊張關

係。顯然芙蕾亞在工作上的經歷，是她需要支持的時候覺得孤立無援，然而她確實想讓自己看起來能獨當一面。這樣的張力讓芙蕾亞覺得自己在空中漂浮，無處安頓，茫然困惑。

3A法的第二步：接受

進到3A法的接受階段前，不妨暫停一下，想一想芙蕾亞發現自己所處的狀態。

閾限空間

閾限空間（liminal space）或閾態（liminality）是指介於兩者之間的狀態，我們可能會卡在其中。[86]這種「卡住」的狀態讓人很不舒服，會有困惑、模稜兩可與缺乏理解的感覺——芙蕾亞在我們初見面時，透露出這些訊息。就像地面在腳下崩裂，而你觀察並卡在那時刻——你質疑起自我、社會角色與結構的認知，且感到煎熬，因為你一腳卡在過去（來到閾限之前），另一腳則猶豫地探索未來、閾限之後的狀態。在文化上，我們知道人會陷入閾限空間，正因此有這麼多儀禮存在，幫助我們盡快從某個狀態前進到另一個狀態——通常稱為「通過儀禮」。但即使有這些儀式，要能在閾態的迷霧中找到前進的路，依然是一大挑戰，而且這些傳統可能依附在過時的年紀與階段觀念，正如上述。

過渡期洋蔥法

　　為了幫助你通過閾態，在你應付棘手的過渡期時進入3A法的接受階段，可試試看「過渡期洋蔥」的技巧（見右圖）。洋蔥的中央是你目前正經歷的過渡期——把它寫下來。接下來依照範例，一層層畫出洋蔥的外圈，寫上你認為和過渡期有關的重要感受；可以是各式各樣的經驗與微創傷。思考下列各個範疇，探索究竟是什麼影響你的過渡期經驗：

- 你的關係、依附與連結：你認為這些對你的過渡期有影響，可能來自早年生活，也可能是目前擁有的連結。
- 你的人生經驗，包括你的微創傷：你可能會在本書中發現幾種微創傷案例，可能反映出讓你卡住的經驗。
- 你所在的文化背景與社會：依據你所探索的過渡期，可能包括工作場所的組織（比方說你正轉職或退休）；你所屬的群體，包括宗教與精神信仰（面對結婚生子或生老病死過渡期時，往往會牽涉到這部分）；甚至更廣泛的社會觀點，都可能影響你對過渡期的感受。

　　這裡的重點是生活中有許多不同的層面，會衝擊我們過渡期的經驗——換言之，可能很少（甚至沒有）是**你自己**造成卡住的情況；反而是我們所處的更廣大脈絡，把社會時鐘的預期加諸我們身上。

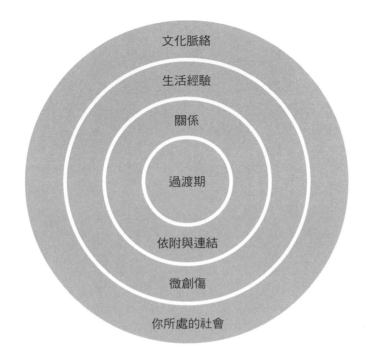

文化脈絡

生活經驗

關係

過渡期

依附與連結

微創傷

你所處的社會

圖 10.1：過渡期洋蔥圖

接受的概念就是在這個階段成立。如同本書談到的許多微創傷處理情況，這裡的目的是把我們的生活經驗，以及影響那經驗的事一點一點串連。唯有串連起來，孤立感才會消失，這麼一來，才能朝著3A法的第三階段「行動」前進。雖然在這次練習之後，個人因素、社會期待與連結往往看似非常明顯，但我們經常會忽視生活中的接受階段——通常也對我們造成傷害。以成為（或不成為）父母的過渡期為例，我見過許多人選

擇不生孩子，然而這樣的決定讓他們在閾態中苦苦掙扎，直到後來，我們有機會探索這些社會時鐘的期待，及這些期待的每一層脈絡（就像洋蔥那樣），才知道為何讓他們很難從前閾限的狀態，進入後閾限的接受。生子的文化與社會壓力，對人人來說都可能是難以承受的重擔。但在光譜的另一邊，我也曾在工作上碰到一些人，他們在人生歷程中的不同時間點生孩子，卻覺得相較於社會時鐘的標準，自己太早／太晚生，於是生子反而成了錯誤。這告訴我們很重要的事：我們的信念、期望與環境都會影響過渡期。換言之，或許沒有「正確」的時間，只有對**你**來說是好的時間。

回頭看一下芙蕾亞，在她的過渡期洋蔥練習中，浮現了另一個30拉警報的關鍵元素，這個關鍵元素並未出現在她的人生地圖中，但仍和她的家庭背景有關。當我們討論到社會文化圈裡的關係與依附時，芙蕾亞提到，很難思考自己究竟經歷了什麼，因為她母親吃了許多更年期的苦頭──就像許多微創傷，她不覺得自己的感受值得一提，因為母親似乎才是面臨「真正的過渡期」。除此之外，芙蕾亞的媽媽因更年期進行荷爾蒙替代療法時，碰到些許困難，各式各樣的症狀讓她很困擾，包括焦慮與易怒。芙蕾亞的母親還得努力照料自己的父母（也就是芙蕾亞的外祖父母）、努力工作來養弟弟──似乎忙得不可開交。因此，在芙蕾亞心目中，母親的過渡期似乎讓自己的經驗不足掛齒，甚至讓她不想把自己的感受告訴母親，擔心會增加母親的負擔。這就造成了強烈的孤立之感。

更年期與三明治世代

人生中有些過渡期是以人類生理的明確變動來定義，更年期大概是成年後最明顯的例子。人類的壽命比過去長許多，自從1840年以來，多數富裕國家的國民壽命每十年幾乎線性增加2.5年，[87]然而進入更年期的平均年齡從未改變，皆為51歲；只是更年期前期可能提前十年，在40歲初期或中期就展開。若思及我們目前都活到80多歲以上，那麼女人的生命中有泰半時間都可能處於更年期的階段，而不是像在以前平均壽命比較短的年代，更年期前後只占人生的四分之一。在世界上許多地方，許多人的生育年齡也延後，因此年紀較大的孩子可能還在家裡，或又回到家中，而較年長的父母得同時承擔起額外的照顧任務。

在這段生理過渡期間，約有三分之一的症狀會嚴重到干擾日常活動——對許多人來說，這情況可能延續十年。有些更年期前期的初期症狀包括高度焦慮，以及感覺難以承受，而我有許多個案都拿過主要照護醫師開的抗憂鬱藥。雖然藥物有其功用，但若體認到在承受更年期症狀之時，又有身為三明治世代的加乘挑戰，這樣的體認能帶來很大的幫助，並促成更持久的處理方式。

「三明治世代」的意思就有點類似芙蕾亞的解釋，亦即有雙重的照顧責任——通常這會產生艾瑞克森理論中提到的生產力與發展停滯之間的衝突。生產力是關於你在世上留下的影響，並對下一代有貢獻，這通常會被當成目標。不過，我們也

需要照顧自己，減少停滯的機會，這對夾在中間的三明治世代來說很辛苦，因為他們的父母需要協助，孩子也需要支持。芙蕾亞在直覺上似乎感知到這一點，因此不想增加母親的負擔。

然而，芙蕾亞沒想到的是，更年期其實沒那麼糟。劍橋大學的研究指出，在更年期與後更年期的女性會更開放，願意訴說自己的心事。[88]更年期也可能觸發自信與力量湧現。研究對象表示，她們更能順應自己的感受，不再受到那麼多壓抑與拘謹侷限。[89]一旦症狀獲得充分處理，情況就會好轉。更年期的心理與生理症狀多麼真實與令人難受，再怎麼強調也不為過；同樣重要的是，適當的治療能讓人回歸正常生活。因此，討論這些主題，以及芙蕾亞的媽媽可能正面臨何種衝突是有幫助的；與媽媽對話能打開一扇門，回到親密的母女關係。

3A 法的第三步：行動

在微創傷過渡期的行動階段，主要是度過閾限空間，並從以往的過渡期到新過渡期的過程中學習。這練習可用來處理任何過渡性危機，因此要把焦點放在你目前所經歷的情況。

過渡危機拉鋸戰

這項練習能在閾限過程中發生深刻的變化，幫助我們從3A法的接受階段前進到行動階段。[90]首先，想想你在努力什

麼，然後思考下列事項：

- 把這場戰爭想像成是超級英雄與宿敵對決，你也可以想像對方是怪獸、惡魔，或任何力量強大的邪惡角色，總之一定要是有能力摧毀你的東西。
- 你們兩個站在火山峰頂彼此對峙，中間是深不可測的暗黑火紅坑洞。你的臉可以感覺到強烈熱度，知道底下的壑谷會通往地球的熔岩中心。
- 你和這個超級反派就在火山上方展開拉鋸戰，雙方以粗繩拉扯。
- 你有強烈無比的慾望，要把對手拖進火山口，彷彿攸關你的生命。你使出所有力氣，但和對方勢均力敵，感覺就像一場真正的戰鬥。
- 現在……丟掉繩子。感覺如何？

我非常喜歡這項練習，因為心態轉變幾乎是瞬間達成。你在閱讀這段描述時感覺如何？如果找不到適當的文字，就回到85頁，看看情感轉盤，或是隨手塗鴉你的感覺——找個最適合你的作法。這項練習能幫我們看出，通常是自己的內心在掙扎：我們蘊藏的思緒與期待，往往成為過渡性危機的焦點。當我們只把焦點放在這場拉鋸戰時，看不出有什麼現成的方式幫我們穿越過渡期。正因如此，依序通過3A法很重要。若少了覺察、接受與行動，我們就會迷失在掙扎中，用盡所有的力氣

與資源戰鬥，卻停留在原地打轉。坦白說，這樣很耗費力氣，不僅你疲憊，就連愛你的人也是。

寫一封來自未來的信

關於**如何**前進到行動，不妨思考一下未來的某個時間點，有個萬事順心如意的後闞限空間。想想看生活的不同層面——從雞毛蒜皮到重要無比的層面，並想像一下在時光機裡，這些情況看起來如何。

現在，拿出紙筆（動手寫很重要），讓未來的你寫封信給現在的你。或許可以翻閱第二章，想想看生活評估的每個領域。如果從滿足的立場來看，每個層面會給你什麼感覺？別忘了，對你來說，有些元素可能比其他元素更重要，家庭與個人自由可能侵蝕到財物安全與職業，反之亦然；這完全端視於你重視什麼。

用自己的語言，詳細探索未來的你會對現在的你說些什麼。描述一下感受、脈絡與環境，你有什麼樣的思想，以及在日常生活中採取什麼樣的行動。以下列出一些教練心理學的提示，幫助你寫下這封信：

- 你在生活領域中，對你最重要的夢想——這些夢想看起來如何？
- 如果你有無限的資源（不僅是經濟，還有時間、支援與鼓勵），你會怎麼著手？

- 別只從自己目前能力的框架思考你真正的夢想與抱
  負，試著從你的潛力著眼。
- 這樣會如何轉變你關係、工作與健康的品質？

　　我很常運用這個練習，這樣有助於彌補「當時」和「現在」的差距，在閾值空間前進。

　　對芙蕾亞來說，這個練習說明了她依然愛著她的工作，但最需要的是家庭（包括媽媽）與工作上的情感支援。不過，並不是所有的故事都有童話般的結局——在現實生活中不是如此。所以我想告訴你，在我和芙蕾亞晤談期間，她和伴侶分手了。她坦承，她所感覺到的強大社會時鐘壓力，和伴侶對人生「應該」如何發展的期望有關，而在她處理親密－孤立衝突時，芙蕾亞感覺到，她需要從這愛戀關係中對她的期望解脫。的確，芙蕾亞是傾向於過渡期危機中孤立的一面，這樣她就能更獨立，也有助於和生活中其他人建立起更親密、更有意義的關係。她不再那麼在乎社會時鐘滴答作響，這樣也能讓她不再感覺那麼「卡」。

過渡期的長期規畫

　　過渡期中最困難的層面之一，就是會讓人覺得出乎預料，這會觸發閾態階段，芙蕾亞和她體驗到的道德傷害就是例子。然而，我們確實知道，大部分的人都得歷經過渡期，同時不能忽略個人的文化與社會差異。其中一個晚年的例子是退休，這

發生在艾瑞克森成人發展中最後一個衝突——自我的統整與絕望。自我統整是反思自己的一生，覺得對自己的成就很滿意；但如果是絕望之感，我們會充滿後悔，覺得浪費了人生。

　　無論是義務或有領薪水、在家中或在家庭外的組織勞動，工作都會賦予我們目標感，為我們的生活架構出結構與設定例行工作，也能成為自我認同中的重要部分。此外，多數工作會提供社會網絡與友誼，對健全感很重要。退休之所以有挑戰性，部分原因就在此，許多人確實會在退休後出現憂鬱症的狀況，尤其是因健康不佳、照顧責任，或找不到其他工作而被迫退休時。[91]即使現在的工作已從「畢生職業」變成更有彈性的職業型態，多數人仍會在某個時間點為職涯劃下句點。雖然有許多方式可延續工作提供的心理要素與結構，包括擔任志工、培養興趣及發展新關係，但還是有些心靈上的障礙，阻礙我們享受晚年時光。

　　研究顯示，對於年歲增長保持負面觀感的人，退休後通常會過得比較辛苦，[92]因此如果你擔心退休、變老或任何過渡期，以下方式可讓這過程更順利些：

- 如果你即將退休（或只是考慮轉換職業），請其他現在不用工作的人列出退休後的三大好處，以及他們希望能提前做的三項準備。同樣的情況也適用於所有的過渡期。別枯坐在黑暗中，擔憂未知之事；採取行動，問問其他人的經驗與智慧。

- 在更廣大的文化與媒體，探索正面的角色模範。我們常會認為，只有年輕人才需要角色模範，其實任何年齡層都可能從角色模範中得到幫助。觀察你的每個角色模範有哪些值得讚賞之處，以及他們在過渡期階段如何展現價值觀，並思考你能如何把這些特色融入你的日常生活中。比方說，你可能循著一位退休同事的腳步，看著他開始站上舞台，表演單口相聲。這不表示你也得上場表演30分鐘，你也可以只與家人分享你的幽默感。

- 最後，探索你曾經成功度過的考驗，鎖定內在的個人資源，你曾靠著這些資源，穿越有時顛簸的道路——或許是你的謙虛、忠誠或誠信，讓你通過某次的過渡期；或許是你的幽默感，幫助你前進到下一處。挖掘深一點，你或許過去未曾經歷過同樣的過渡期，但你會發現，你已運用自己的核心價值，引導自己走向人生的下一個里程碑。

心理師梅格博士的日記提示
　　人生過渡期

1. 生活中哪些層面讓你最驚訝？為何讓你覺得驚訝？

2. 想像自己是十幾歲的青少年——你會問現在的自己哪三個問題？

3. 比起一年前，你現在知道什麼事情是真實的嗎？

第十章的重點筆記

過渡期是人生的一部分,但這不表示一定能輕鬆度過。想要安然度過這時期的微創傷,可先了解其他人的經驗,讓過渡階段正常化。放下過去的自我身分與自認是何種人的想法,並接受這個過程,展開新的人生階段,是很有幫助的。最後,預先規劃未來會面臨的過渡期,是在面對這類微創傷時,支持心理免疫系統的良方。

第十一章

終身受用的微創傷處方：
跳入深淵吧！

本章探討

> 終身受用的3A法

> 如何順心前進

> 限制選擇超載

> 為何仁慈是關鍵

> 讓人生不再那麼狗＊倒灶的處方

我們同行的這趟旅程已來到最後一章，希望你會用上書中某些關於微創傷的練習，全都派上用場當然更好──現在與未來都行。就算只是覺察到微創傷是真實、有根據的具體概念，也可帶來明顯的改變。微創傷實在太多，一本書根本說不完，因此如果你經歷到讓你覺得不舒服、認為不值得獲得支持的事件，或是讓你質疑對自我的理解時，就很可能是一種微創傷。

不過，有時我們得跳進深淵，而不是在一旁觀望。望向深淵，深淵也會凝視著你——這是德國哲學家尼采提出的概念，如同所有哲學名言一樣，有諸子百家般的詮釋，例如太深入觀看人類內在心靈的黑暗之處，因此迷失了自己。如果探索這個概念與微創傷的關聯會發現，花太多時間思索生命歷程中嚴苛的現實及經歷過的困境，反而是危險之舉——這就是有覺察，卻沒能接受並採取行動的風險。因此，我現在要給你一項挑戰：整合最後一章交給你的訣竅，掌握自己的過往，全心活在當下；大方躍向前途似錦的未來。

終身受用的 3A 法

我們在本書中共度的時光，幾乎都在運用我提出的覺察、接受與行動，也就是 3A 法。你可以應用到你面臨的所有困境——愈常用愈能精進這些重要的心理技能。就像所有的技能，3A 法也是熟能生巧，你的心智會更輕而易舉地覺察，你也會對生活中無論是複雜的或是日常的棘手問題更開放、更能接受，也會更有能力採取行動，活得淋漓盡致。

3A 法的第一步：覺察

你的人生目的是什麼？

哇⋯⋯竟然以這麼簡短的問題，涵蓋如此龐大的概念。有

人一輩子都試著思索人生的目的，以及這趟旅程有何值得一提之處。通常在有了孩子之後，人們會說終於知道自己的生命目的：照料與養育下一代。其他人則在工作與群體活動中（或諸多事情的結合中）找到自己的目的。然而，這也可以是個阻礙：既然選擇這麼多，我們能做些什麼找到自己的目的？

順應你的心

為了把選擇的範圍縮小，來玩個「順應你心」遊戲。下列每一項都是核心價值，你可能深深在意，或者毫不在乎。就每一種類別來說，如果你非常重視，就往箭頭右邊移動，如果根本不在乎，就往箭頭左邊移動。

藝術技能

競技／運動

事業／賺錢

創意

獨立

音樂才能／鑑賞

政治／群體

與朋友或家人的關係

宗教價值觀

幽默感

自發性／活在當下

上表並非滴水不漏，你可以自行增加。哪些箭頭指向未來？花點時間，想想為什麼這些項目對你來說很重要。

這些是你的核心價值——你獨有的錦囊，能幫助你在人生中找到有意義的目標，也能在你偏離路徑時照亮回家的路。這裡有個訣竅：你不必只有「唯一」選項。我們可以有許多人生的價值觀、目的與途徑。我們三不五時就聽人說，必須要找到一個真正的目的，有點像是此生唯一的真愛。可是，這樣太小氣了。只要我們認為生命是多元豐富的，那生命就是。

接下來，問問自己：

「我的生命是以什麼方式朝這方向前進？」

把這個問題放在心中，繼續閱讀下文。

生之意義文氏圖

在考慮追隨內心的方向時，你或許聽過發源於日本的概念「ikigai」*，下頁的圖你也可能覺得眼熟。這理論是說，你可在文氏圖的重疊部分找出你的人生目的，那是你所愛、所擅長，以及世界所需的事；並且你可以從重疊之處獲得收入。

---

* 譯註：生き甲斐，即「生命的意義」。

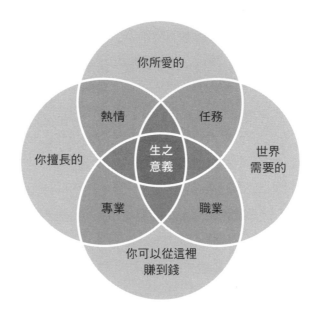

圖 11.1：生之意義文氏圖

　　我媽媽曾在日本待過很長一段時間，所以我詢問她關於這
架構的資訊。她說她聽過這張圖表，但覺得太僵化；她不認為
符合這些條件能代表的原始概念。從我的專業立場來看，我也
認為要符合這四項條件，對大部分的人來說難如登天。若以心
理彈性來思考（這是心理免疫系統適應性功能的核心），你的
人生目的可能是你喜愛與擅長的事（也就是熱情），但不是你
用來賺錢的事情。所以，你可能也需要把一些時間貢獻給這世
界的需求，從中取得收入（在「生之意義」圖表中，就是職
業），並確保你還有時間投身於你的熱情所在。

　　就如許多社會微創傷，堅持要符合所有規定才能有美好人生，讓我們承受了許多壓力，這樣只會帶來反效果。這是成果導向、西方化的「生之意義」觀點。其實，較傳統的觀念會把人生目的的各個面向，視為終生的連續體，隨著時間產生變化與發展。你可以把自己的些許心意放在人生更多領域，讓你在世上的日子更加豐富。

選擇過載

　　我的生活可說經常馬虎出錯，而我從中學到的是，人類實在很奇妙。雖然我們都渴望有無窮無盡的選擇，可是選擇太多對我們未必有利。在心理學上會使用「選擇超載」表示選擇過多，導致「決策癱瘓」。[93]

　　有個簡單的方式能縮小可能範圍：我和先生偶爾會買外食，但由於選擇太多，我們大半個晚上都在爭論到底要吃什麼。有年聖誕節，在雙方都不知情的情況下，我們為彼此買了個「外帶骰子」！我得承認，先生比我會選禮物，客製了一個漂亮的木質骰子，我只從禮物商店買了塑膠玩具骰子（要怎麼解讀，隨看官心意）——可見我倆漸漸明白，需要一點協助來處理這瑣碎的議題。然而關於運用隨機選擇的工具，有趣的是它會讓我們的心思更專注。有時骰子可能選出「咖哩」，但我們會看看彼此，然後說：「不要，我們要吃披薩。」藉由限制選項數量，你更能確定立場，知道自己真正想要什麼。因此，當你在思考人生選項時，留下三個就好，其他全劃掉，送進

「管他的」桶子裡，繼續專注在留下的選項，這樣你就騰出腦袋空間，好好思考。

先嘗試後購買

有聽過熊熊工作室（Build-A-Bear®）這家玩具店嗎？這家店其實稱為工坊，雖然這麼說會透露我的年齡。孩子們很愛這間店的概念，家長可能不那麼欣賞，因為裡頭的玩具挺貴的！總之，你可以到熊熊工作室，選擇要哪種絨毛娃娃、布料與琳瑯滿目的配件，然後再付錢。如果你在面對「生之意義」時也可以這樣，在生活中「先嘗試後購買」會如何？

史丹佛大學設計學程的兼任教授與執行總監比爾‧柏內特（Bill Burnett）就提出這樣的概念。[94]他在研究中發現，完全屈從的結果往往不太好，與其如此，不如在你現在的生活中加上心之所向，看看感覺如何。比方說，你其中一個心之所向是「藝術能力」，但一想到要去成人教育中心學美術，就覺得受不了。這時不妨思考一下，有哪些的地方可讓你的藝術熱情更能融入生活？比如透過重新裝潢，為你家增添藝術氣息，或者透過Pinterest網站，嘗試一些手工藝活動。就像打造絨毛熊玩偶，你也可以看哪些是適合的、感覺是對的，且**對你**來說是可行的，因為唯有我們自己嘗試過某件事情之後，才知道這件事能否帶給我們真正的滿足。

賣掉你位於郊區的半獨立式住宅，搬到沒有水電與網路的森林，聽起來似乎是很夢幻的生活，但唯有你到了那邊，才會

想起自己多討厭蜘蛛，也才發現要種出能勉強入口的食物多難，而這都會成為日常現實。或許你也可以先放下原本不得不做工作、休個假，嘗試開露營車，到充滿田野風情，過離群索居的生活型態幾個月，之後再賣掉所有家當。這樣的改變或許會和想像中的一樣好，也或許不會，但在採取嶄新的生活之前先嘗試，可以讓你更清楚，也更直接體驗你的選擇，更不會有輸個精光的風險。

3A法的第二步：接受

再說一次，接受是3A法最困難的階段，也最容易遭到忽略。這是因為我們會把生命中發生的壞事，和**自己是糟糕的人**混淆，其實我們一點也不糟。我們確實會覺得不被愛、沒有價值與遭到暗中傷害，這些經驗都令人難以忍受。然而，我們常把微創傷合理化，認為一定是自己做了很糟的事，受到這樣的對待是咎由自取。但如果我們前進到接受，不只是屈從，就能建立強大的心理免疫系統，對自己稍微仁慈一點。此時我們暫停一下，理解屈從與接受的差別，有助於探索你的想法，以及這對於你的自我概念來說多麼重要：

屈從	接受
心理僵化	心理彈性
覺得沒有能力，無法動彈	覺得有能力採取行動

屈從	接受
自我評斷與指責	掌控深度的自我同理
匱乏的心態	負責的心態
放棄／屈服	重新調整為採取積極行動
容忍困境	從困境中學習
苦撐	提升技能
避免改變	對改變保持開放心態
抗拒	承認
以批判為導向	以價值為導向

微創傷與心理免疫系統

回想一下，第一章提過心理免疫系統的概念，我們把它比擬成人體的免疫系統。在我們的一生中，人體免疫系統會幫忙抵抗許多有害的病原體，包括細菌與病毒。我們出生時就有某種程度的免疫力，但是免疫系統多半是在一生中接觸到微小的入侵者時發展出來，尤其是在年幼時期。身體會對入侵者起反應，並造成一些症狀，例如感冒時會咳嗽、流鼻水與疲倦。心理免疫系統的運作也差不多，我們經歷到微創傷時會覺得不愉快，出現壓力反應及寧可不要感受到的情緒。但身體與心理的症狀都很重要，會讓我們的免疫系統成長，適應環境變化。如果少了些挑戰，我們就只有出生時的基本免疫力——想想重大生活事件可能造成的考驗，不見得足以帶來良好的心理健康。

　　藉由覺察微創傷，接受人生中這些跌跌撞撞的傷痕，並採取積極的行動好好控管這些經驗，就可以把小創傷轉變成**情緒抗體**——也稱為因應技巧。

　　換言之，微創傷的概念並不是指被動或順從的心態，而是一種掌控過去的方法，這樣你才可以擁有當下，並發展出精彩的未來，而不是只求活下去。

小心「但是」

　　微創傷絕對不是理由。要確保微創傷不會以負面的態度掌握生活，其中一種方式是謹慎使用「但是」與「因為」——無論是自我敘述或和他人溝通時。

　　舉例來說，如果你聽到這說法，請注意你的「但是」：

　　「我想和我的朋友談談，但是她讓我很不滿，嚴重到我認為無法跟她談。」

　　改成這樣說：

　　「我想要和我的朋友談談，她讓我很不滿——我會和她談談，即使我很不滿。」

　　以「而且」取代「但是」，替未來開啟不同的可能性。這樣的說法比較貼近現實，畢竟生活和人類情感是很複雜的——我們可以同時對一個朋友很不滿，但依然深深關心。然而，當我們使用「但是」時，就困在「但是」後方，阻礙了向前的步伐。若以「而且」替代「但是」，我們就能推倒這堵牆，往前邁進。

此外，使用「因為」時也要小心：

「我不想爭取這次升遷，因為我過去有糟糕的工作經驗。」

改成這樣說：

「雖然我有不好的工作經驗，我還是想爭取這次升遷。」

光是軟化語言，並不會改變過往，但這樣可減輕微創傷對我們現狀的影響力。此外，留意自己的意圖，並調整自己內在的敘述以及與他人的討論時的說法，能讓我們往前進；同樣要留意心理腳本，試著把「不能」、「不會」或「不行」以更有力量的詞語來替代。

你是「人生」這場賣座電影的剪輯師

在對自己或別人說故事時，不妨改變訴說方式。上述例子可運用在你的電影台詞——這部電影就是你的人生。所有的電影要登上大銀幕，剪輯師的角色舉足輕重。不同的鏡頭、影格與速度都會影響電影的氣氛，剪輯師會利用這些工具，調整某個場面在大銀幕上的時間，讓我們專注於他們想訴說的故事。

若想看看這如何運作，可先寫下大綱，裡頭要包括事件、經驗、微創傷及其他造就出今天的你的關鍵時刻（這會連結到第一章，開放式的微創傷問題）。這些是你電影的「接觸點」，而不是詮釋，通常是你在寫作時，比任何「但是」或「因為」還早出現的資訊。

在前一段的例子中，我們的主角想見他的朋友——這就是單純場景的接觸點。現在，試試看給這個動作的意義與結果。

我們上面已經談過兩個可能性；你可以想出其他的嗎？

　　希望這練習可以幫你看出你有主體性，不光是對未來，而是你如何詮釋過去，以及如何活在當下。

3A法的第三步：行動

　　在這趟微創傷考察最後的行動階段，我希望與你分享一些日常活動，支持你的身體與心靈、身體免疫系統與心理免疫系統。無論是我研究過的何種狀況、表現或主題，從慢性疲勞到飲食性飲食、從焦慮到心碎，這些基本法則未曾動搖過。

每日人生處方

　　我在心理健康領域研究與任職20年，若說有什麼洞見，那就是我們愈讓生活與自然界保持和諧，愈覺得踏實，與存在經驗和平共處。這話聽起來好像不食人間煙火，但確實有科學上的道理——無論科技如何讓人的心靈與身體遠離自然，我們仍是大自然的一分子。我們的內在運作與生理過程會在24小時的晝夜節律中，與太陽的循環同步。不僅睡眠如此，雖然睡眠確實是攸關生死的議題，因為我們有許多生物性節奏，是由回應環境的分子層面驅動。還有其他比較漫長的節律，例如月經週期。

　　一般來說，順應這些節律，就能支持身體與心靈健康，我們就不那麼需要人造物來刺激或鎮定自己——無論是透過資

訊、物質或無益的思維。因此，以下是我的行動秘訣，幫助你活出**最適合你**的生活。

與光線為友，而不是為敵

提到24小時的晝夜節律，光線顯然是最重要的環境因子——在夜裡睡覺、在日出後活動，這樣心靈與身體會運作得最好。然而在燈泡發明之後，無論在一天的哪個時段，我們都不受照明所限制。這不是在批評愛迪生，因為在工業革命時，燈泡問世宛如登月任務，刺激世界各地的經濟，改善數十億人口的生活水準。但就像我們所創造的許多工具一樣，有時過猶不及。在現今忙得不可開交的社會，我們很難「關機」，無論是從字面或背後的含義來看都是如此。如今，我們白天泰半時間都待在室內，使用人工照明，其質性和自然光不同，不會給予大腦相同的信號。研究發現，人工照明會影響個人、環境與健康。[95]長久以來，我們把焦點放在睡眠障礙與季節性情感障礙（SAD），但我們愈來愈清楚，缺乏日照是許多心理健康狀況與身體健全的影響因子。

SAD的微創傷

每當夜晚的時間一拉長，就有許多人開始談起季節性情感障礙。但是，季節性情感障礙究竟是否「真實」，引來不少激辯。季節性情感障礙是反覆型重鬱

症的子類別，差異只在於與特定季節有密切關聯。多數有季節性憂鬱症的人在冬天出現症狀，但約有10%個案和夏天有關。若要診斷出季節性情感障礙，需要至少持續兩年出現症狀，在季節變化時有可追蹤的明確開始與結束之時間點，而一年中的其他時間無症狀，且人生至今有症狀發作的期間比沒發作的多。

雖然已有研究顯示自然照明與情緒之間的關係，其生理機制仍有待理解。我們知道，日光確實會影響褪黑激素與血清素的分泌，繼而影響睡／醒的循環（晝夜節律），而睡眠品質不佳，往往會導致起床氣。如果進一步探索，美國有報告指出，佛羅里達州僅1%的人經歷過季節性情感障礙，阿拉斯加則有9%。然而挪威和冰島研究人員也發現，即使那裡冬季白天極為短暫，季節性情感障礙的病例卻不多。究竟是怎麼回事？可能和我們的期待與社會信念最有關係。在美國，炎熱晴朗的天氣通常和「良好」的感覺相關，例如快樂，但在北歐國家，全年的天氣都差不多，北歐人也可能更懂得欣賞較陰暗的季節之美。在世界不同地區如何應付苦寒的日子，也可能是一項因子——挪威文「friluftsliv」可直譯為「自由空氣的生活」，也就是樂於享受戶外生活，無論天氣如何。所以，季節性情感障礙或許多少和我們的信念有關，那些信念是我們畢生累積的，因此會形成一種微創傷。

我認為，新一代「穿戴式健康科技」可能會和自然光有關。要是哪天看到有人身上裝著自然光感測器，我可不訝異。這裝置會將資料回報至智慧型手機，提醒你到戶外吸收一些自然光。但你不需要等待這項科技，只要確保自己每天都出門，即使是20分鐘左右，就能吸收可提振心情的維生素D。[96]

REST 的藝術

在我們火力全開的生活中，休息往往不如睡眠受到重視。杜倫大學的研究人員在134個國家，調查逾1.8萬人，詢問他們每天得到多少休息，以及如何休息。絕大多數（超過三分之二的樣本）的人說他們想要更多休息時間。研究人員也發現，休息較少的人，整體幸福感較差。[97]

工作要求高、得動用三頭六臂來扛起照顧責任、得努力與朋友見面、找點樂趣、過日子……，造成令人缺乏休息的社會。我們不光是蠟燭兩頭燒，更把所有東西扔進熊熊烈火，導致地上留下一堆黏答答蠟油的混亂場面。現代生活持續了一週，結束時恐怕會有這樣的感覺！

社會規範、期望與標籤的微創傷也會導致我們無法休息——我曾有個個案顯然疲憊不堪，她告訴我無論自己多疲憊，如果在白天休息，她就會認為自己「懶」。但如果看看自然界——我們隸屬於這錯綜複雜的世界，顯然大自然知道如何休養生息：季節轉換、日夜交替，環境持續再生、修復與更新，順應這樣的過程。

同樣地，在日常生活中建立起休息時段很重要。休息未必表示睡眠或打盹，而是能讓我們從壓力源「關機」的活動，例如讀點書、聽點音樂，或是花點時間到大自然走走。

REST：（Restore Energy [with] Space [and] Time）以空間和時間恢復精力

我喜歡運用上述口訣，這樣更容易記住該如何休息，提醒我主動休息：我們必須付出空間與時間，才能達到復原的功效，作法就像為工作設定的客觀目標，投入珍貴的資源。雖然在日常生活中找出空檔並不容易，但這些建議作法只需要幾分鐘，可運用在你的「時間碎片」──我們通常用來漫無目的地滑手機、點擊滑鼠的時間。這些方法也清楚說明我們都需要不同類型的休息，才能深深感覺到恢復活力。[98]

身體：這是最容易的類別，不只表示被動地睡眠或坐著。呼吸練習（參見第一、四章）有助於啟動副交感神經系統，讓身體進入「休息與消化」狀態。此外，如果你的工作是靜態的，可著重於改變會造成疼痛與不適的持續靜態坐姿，這樣身體才能休息。不妨在辦公桌前和緩伸展，或每個小時從椅子上起身，讓身體動一動。然而，若你的生活偏向較多身體活動，則建立完全靜止的時刻，功能也和休息一樣。

心理：「腦霧」儼然成為無所不在的議題。心理上的休息是要克服多工的衝動，專注於單一任務。關掉應用程式與手機的提醒，登出電郵，關上門，這樣就能建立較完整的時間區塊，專心投入一項任務。這需要練習，因為許多人都陷入多工的迷思。不過，努力練習是值得的。

社交：社交上的休息未必代表孤單（雖然孤單可能正符合你所需），而是花時間與不需要刻意在他們面前擺出溫良恭儉讓的人相處，這樣你就能成為完整的**自己**。這些人是你的充電器，要盡力與他們保持關係！有時這些人只是熟識的人，而非摯愛，因為在偶爾見面的人面前，我們反而會更自在。

感官：我們需要的感官刺激程度不同，高敏感族（見第九章）可能比別人更需要安靜時光。在白天花一點時間閉上雙眼，讓視覺休息一下，就會有幫助。再次提醒，這不是要你去找個地方躲起來；身處大自然、減少人為的感官輸入，一樣可以休息。

情緒：搜尋一下在你人生中會榨乾情緒能量的情緒吸血鬼，並限制與這些人相處的時間（或完全切割）。第二章的練習也有助於培養你的情緒群系，讓你在不得安寧的情緒中得到喘息空間。

創意：如今我們的心智花許多時間在分析工作上，鮮少人有機會培養自己的創意。我在走一趟喜歡

的畫廊之後，會感受到深刻的創意迸發，因此會安排定期造訪時程。如果這對你來說行不通，或你不特別喜歡，則給自己一些時間與空間，一天找出三次、每次五分鐘的塗鴉時間。成人著色也能帶來休息效果，尤其是細密的曼陀羅圖案。

靈性：你不需要有虔誠的宗教信仰，也能獲得有靈性的休息品質。訣竅在於，感覺到融入我們所居住的世界。這一點可透過協助他人而達成。的確，我們都知道協助他人可增加幸福感，讓我們從自我關注中休息；太專注於自我一樣會讓人疲憊。[99]透過靈性來源恢復活力，也和我們朝著目標前進有安全感有關（見前文）。讓自己順心而為，能帶來好處。

這裡的祕訣是，要依照你的生活來安排自己的休息時間。你需要的休息和你的伴侶與親友不同，因此尊重個人作法，是真正休息的關鍵所在。

原型飲食與多運動

雖然這本書談的不是營養或運動，但如果不提到我們放入口中的食物，以及我們如何代謝這些熱量會影響心理免疫系統，那可是我的疏失。因此，這裡有個小建議：

吃來自大地的東西，讓身體適度活動。

飲食法琳瑯滿目，已超出我的計算或甚至思索範圍。在新

冠肺炎大流行期間，健康產業區塊中唯一成長的就是減重業，和我們的腰圍一樣不斷往上衝。[100]社會上存在著真實強烈的商業動機，導致我們搞不清楚究竟該吃什麼，以及不該吃什麼。接下來，又有不少研究是探討這些飲食法的有效性，就我看來，可簡化成這個觀念：盡量多吃接近天然原型的食物如蔬果、堅果與種子、一些魚，或許也可吃點白肉（如果你吃肉，這樣就夠了），[101]總之就是看起來剛收成、摘取或拔起的食物。當然，如果你有疾病需求，飲食原則可能會有些不同，但人們在這個議題上所耗費的腦力實在太多了。只要你的曾祖母有在吃的東西，大概就沒問題。然而，如果是高度精緻的科學怪「食」，那就少碰為妙，就算嘴饞，也別吃多。

　　除此之外，人類並不是演化成日復一日、一天24小時都在攝食。史前時代可沒有便利的外送服務，所以在每日循環中，我們有很長的時段是斷食的，若食物稀缺，又會面臨更長的斷食時間。我們胃腸內的幾十億個微生物需要時間來工作，它們會希望你別干擾環境，才能大功告成。正因如此，現在會建議至少11到12小時的隔夜斷食法。其實「早餐」（break-fast）這個詞的意思是：中斷夜間的斷食。

　　這段小插曲的第二部分關於運動。之前提過，我們的身體並非演化成整天坐在辦公桌前，而是需要運動，維持心靈與身體健康。這不表示每天要上健身房鍛鍊兩小時（當然囉，除非你喜歡這樣！）有個簡單的思考方式如下：

- 如果你坐著做某件事，可以站著做嗎？比方說打電腦：你可以使用站立式辦公桌嗎？
- 如果可以站著做那件事，可以邊走邊做嗎？比方說講電話。

走路的妙處在於可以維持體適能與心理健康，你甚至不用很努力，就能得到走路帶給你的好處。愛荷華州立大學的研究發現，人們在哪裡行走或是為何而走並不重要，只要願意起身，把一腳踏到另一腳前面，就會讓我們身心更舒暢。[102]

要增加每日活動量，走路是相當簡單的作法，也確實會帶來改變。我們通常會陷入數字的迷思，認為一天要走一萬步，但一日萬步是理想的粗略估值（現在我們知道大約是7000步）。無論如何我認為，最重要的是持續運動。如果你可以挑戰自己的身體，提升心率，定期讓自己有點氣喘吁吁，就能看到你的體能水準與整體健康都在改善。

連結乃是不可或缺

我們需要人際連結，這是事實。第一章曾強調孤獨大流行，以及這會如何戕害心理與身體健康。我們是社會性生物，演化成在群體中生活，雖然現今未必會需要其他人提供食物與庇護之處，保護我們免於掠食者的侵擾，但仍需要其他人來增加我們的歸屬感，獲得社會支持，且通常這樣的連結也是讓我們朝著人生目標前進的媒介。因此，連結感絕對關係到整體健

康，不只是情緒健全。這並不表示需要有深刻且富含意義的馬拉松式對話；只要在等公車或排隊結帳時聊聊天的微型互動，都能幫助我們產生連結。雖然這一開始或許會讓人覺得有點尷尬，但我們往往低估稍微聊一下之後，陌生人對我們的好感——這種現象稱為「喜好差距」。[103]

能和別人見面當然是好事一樁，但有時就是不可能。不妨講講電話，就算只是聊天氣之類的瑣事，也能在險惡的大環境中創造出有人與你同在的感覺。現在要與人接觸的方法很多，但是要小心社交媒體——研究告訴我們，光是被動按讚，或是沒有互動地滑螢幕，會導致憂鬱的情緒，以及信心不足的感受。善用這些奇妙的科技工具，與親友或甚至有相同興趣的人真誠連結與溝通。無論你喜歡什麼、無論多麼抽象，都一定找得到相關資訊——我保證。

與各式生命的連結

身為愛動物的人，這麼說我確實有點先入為主。不過資料顯示，花點時間與動物在一起，能幫助我們感覺到與其他生命的連結。對於愛貓的人來說，研究顯示，貓的呼嚕聲有助於啟動掌管休息與消化的固有副交感神經系統，降低壓力。[104]聽起來有點瘋狂，但就連觀看有貓的影片可能也能帶來好處——現在甚至有節慶是大家聚在一起、觀賞貓的影片！研究發現在閒暇時間觀看貓片的人，整體而言會比較正向，也比較有力量。[105]最重要的是，動物能給我們連結之感。所以，若你出於

任何原因而無法和人連結，不妨考慮花時間與其他生物相處：貓、狗、爬蟲類等，什麼都好！我甚至要說，照顧植物也能讓人心曠神怡：研究顯示，與室內植物互動可以紓壓。[106]

培養日日感恩之心

我和伴侶每晚都會有感恩時間，你也可在一天的任何時候練習感恩。然而我認為，每天在相同時間進行這項練習很有用，能養成習慣。在正向心理學的領域有不少研究發現，培養感恩之心可提升幸福感，人生的視角也會更開闊。[107]這項技巧簡單到很難相信竟真的有用，我經常建議人要培養感恩之心，而我在幾個月後追蹤這些人時，他們的觀點確實改變了。就慣例來說，心理師與治療師會建議你想三件覺得感恩的事——這些不必是重大的正向生活事件，例如有了孩子或找到新工作，而是生活中的小事。我和先生會列出五件事，最開頭總是彼此和家人；其他是生活中的微小層面，例如在公園舒暢的漫步，或在工作上得到的讚美。你要感激什麼都可以，這方法可訓練大腦，看待人生中美好的一面。正如第四章所言，我們天生趨向尋找環境中的威脅，以求生存。因此要留意到一絲希望，確實需要一點努力。但無論希望多渺小，都會存在。

不必先愛自己……

許多人認為「先得愛自己」，才能採取行動——這個觀念是看似善意的人鼓吹的，卻會讓人孤立無援，等候愛自己的神

奇之日降臨。但如果在早年生活中沒有人展現出無條件的愛，你就很難愛自己，畢竟你缺乏愛的角色模範（見第八章）。我從同情與經驗的立場告訴你，愛自己並非最了不起的愛，而是最大的迷思。治療、諮商，或是讓人先愛你，都能帶來幫助。所以請別枯等，趕緊展開這個過程吧！因為在努力的過程中，你就會開始對自己展現出愛，即使你還沒有感覺到。

從善待自己開始

仁慈是不需要成本的，至少不用花費冰冷無情的現金。可是，許多人覺得對自己仁慈並不容易，比對他人寬厚與同理難得多。若你還沒準備好愛自己，不妨先從善待自己開始，因為有些精彩的研究顯示，這樣可以讓時光倒流，保持年輕。有一項研究是探討「端粒」的長度。端粒是生物老化的標記，而研究對象中，其中一群人會進行正念冥想，類似174頁談的情況，另一群則不做這項練習。研究人員發現，進行慈愛冥想的人，端粒長度相對比控制組的人要長——端粒會隨著年齡縮短，也與較早死亡有關。[108]因此，培養對自己的仁慈，是我處方的核心，即使在你不愛自己的那些日子也要如此。

人生是一場馬拉松，你必須不停跑

我們一起共度的時光即將接近尾聲，我想要全心全意鼓勵你，利用你學到的東西，跳進未知的深淵——通常不會如我們

想像的那般可怕。即使會面臨更多微創傷，你也有一整個軍火庫的工具、情緒抗體與能力，對付生命朝你扔來的東西。如果你還是很緊張，以下是最後一項練習。

「差點錯過！」日記

你是否曾回想自己在這星期經歷了什麼事，卻發現幾乎想不起任何能引起注意的事？如果只顧著自己的思緒，可能會錯過許多生命給予的機會。我建議：花一星期的時間好好參與這個世界，方法是寫下「差點錯過！」日記，記錄如果你埋在自己思緒的黑洞深處，會錯過什麼。這些通常是日常中的小事，但會是很奇妙的事件，例如在陰天出現的陽光、在咖啡店聽到其他母子之間的對話，或任何讓生活更有意思的小事。

人生就是由微小的事情構成的，無論是微創傷或者在日常生活中找到的神奇時刻。什麼要緊緊抓著、什麼該放手，都是我們的選擇。

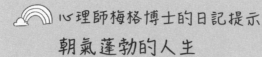 心理師梅格博士的日記提示

朝氣蓬勃的人生

1. 你在做什麼事的時候會覺得精力充沛？

2. 如果改變不了人生的某件事，可以怎麼與之共處？

3. 如果現在做不到，何時可以？

後記……

　　謝謝你和我一起踏上這段微創傷的奮鬥之路。我寫這本書的理由之一，是讓更多人感覺自己被看見了——你也能幫忙做到這件事。如果你不介意的話，請把你的微創傷經驗張貼到Instagram的@tinytraumasbook，或是我的帳號@drmegarroll，並標記#tinyt，與我和他人分享。愈多人揭露微創傷，就愈容易正視這個問題，進而處理這種低度卻潛藏的創傷。再次謝謝你，並為你接下來的旅程獻上最高的祝福。

附註

1 Holmes, T. H. and Rahe, R. H. 'The social readjustment rating scale', *Journal of Psychosomatic Research,* 11(2) (1967), pp. 213–18.

2 Lackner, J. M., Gudleski, G. D. and Blanchard, E. B. 'Beyond abuse: The association among parenting style, abdominal pain, and somatization in IBS patients', *Behaviour Research and Therapy,* 42(1) (2004), pp. 41–56.

3 Bretherton, I. 'The origins of attachment theory: John Bowlby and Mary Ainsworth', *Developmental Psychology,* 28(5) (1992), p. 759.

4 De Schipper, J. C., Oosterman, M. and Schuengel, C. 'Temperament, disordered attachment, and parental sensitivity in foster care: Diff erential fi ndings on attachment security for shy children', *Attachment & Human Development*, 14(4) (2012), pp. 349–65.

5 如果還沒看過《蹺課天才》（*Ferris Bueller's Day Off*）這部電影，或者導演約翰·休斯（John Hughes）的電影作品，請趕快放下這本書，找找看你訂閱的影音串流平台！1980年代的電影裡，有不少微創傷的例子。

6 Passmore, H. A., Lutz, P. K. and Howell, A. J. 'Eco-anxiety: A cascade of fundamental existential anxieties', *Journal of Constructivist Psychology* (2022), pp. 1–16, DOI: 10.1080/10720537.2022.2068706.

7 Seligman, M. E. *The Hope Circuit: A Psychologist's Journey from Helplessness to Optimism*, Hachette UK, 2018.

8 Layard, P. R. G. and Layard, R. *Happiness: Lessons from a New Science,* Penguin UK, 2011.

9 Agarwal, S. K., Chapron, C., Giudice, L. C., Laufer, M. R., Leyland, N., Missmer, S. A., Singh, S. S. and Taylor, H. S. 'Clinical diagnosis of endometriosis: A call to action', *American Journal of Obstetrics and Gynecology,* 220(4) (2019), pp. 354–364.

10 Chen, E. H., Shofer, F. S., Dean, A. J., Hollander, J. E., Baxt, W. G., Robey, J. L., Sease, K. L. and Mills, A. M. 'Gender disparity in analgesic treatment of emergency department patients with acute abdominal pain', *Academic Emergency Medicine*, 15(5) (2008), pp. 414–18.

11 Diener, E., Seligman, M. E., Choi, H. and Oishi, S. 'Happiest people revisited', *Perspectives on Psychological Science,* 13(2) (2018), pp. 176–84.

12 Brickman, P., Coates, D. and Janoff -Bulman, R. 'Lottery winners and accident victims: Is happiness relative?', *Journal of Personality and Social Psychology,* 36(8) (1978), p. 917.

13 Kraft, T. L. and Pressman, S. D. 'Grin and bear it: The influence of manipulated facial expression on the stress response', *Psychological Science,* 23(11) (2012), pp. 1372–8.

14 Wilkes, C., Kydd, R., Sagar, M. and Broadbent, E. 'Upright posture improves aff ect and fatigue in people with depressive symptoms', *Journal of Behavior Therapy and Experimental Psychiatry,* 54 (2017), pp. 143–9.

15 Keyes, C. L. 'The mental health continuum: From languishing to flourishing in life', *Journal of Health and Social Behavior* (2002), pp. 207–22.

16 Affleck, W., Carmichael, V. and Whitley, R. 'Men's mental health: Social determinants and implications for services', *The Canadian Journal of Psychiatry*, 63(9) (2018), pp. 581–9.

17 Lomas, T. 'Towards a positive cross-cultural lexicography: Enriching our emotional landscape through 216 "untranslatable" words pertaining to wellbeing', *The Journal of Positive Psychology* (2016), pp. 1–13. doi: 10.1080/17439760.2015.1127993.

18 Jiang, T., Cheung, W. Y., Wildschut, T. and Sedikides, C. 'Nostalgia, reflection, brooding: Psychological benefits and autobiographical memory functions', *Consciousness and Cognition,* 90 (2021). doi: 10.1016/j.concog.2021.103107.

19 Cheung, W. Y., Wildschut, T., Sedikides, C., Hepper, E. G., Arndt, J. and Vingerhoets, A. J. 'Back to the future: Nostalgia increases optimism', *Personality and Social Psychology Bulletin,* 39(11) (2013), pp. 1484–96.

20 Sedikides, C., Leunissen, J. and Wildschut, T. 'The psychological benefi ts of music-evoked nostalgia', *Psychology of Music* (2021). doi: 10.1177/03057356211064641.

21 Cheung, W. Y., Hepper, E. G., Reid, C. A., Green, J. D., Wildschut, T. and Sedikides C. 'Anticipated nostalgia: Looking forward to looking back', *Cognition and*

Emotion, 34(3) (2020), pp. 511–25, doi: 10.1080/02699931.2019.1649247.

22 Vervliet, B. and Boddez, Y. 'Memories of 100 years of human fear conditioning research and expectations for its future', *Behaviour Research and Therapy,* 135 (2020), pp. 1–9.

23 Pittman, C. M. and Karle, E. M. *Rewire Your Anxious Brain: How to Use the Neuroscience of Fear to End Anxiety, Panic, and Worry,* New Harbinger Publications, 2015.

24 Rozlog, L. A., Kiecolt Glaser, J. K., Marucha, P. T., Sheridan, J. F. and Glaser, R. 'Stress and immunity: Implications for viral disease and wound healing', *Journal of Periodontology,* 70(7) (1999), pp. 786–92.

25 Scholey, A., Haskell, C., Robertson, B., Kennedy, D., Milne, A. and Wetherell, M. 'Chewing gum alleviates negative mood and reduces cortisol during acute laboratory psychological stress', *Physiology & Behavior,* 97(3–4) (2009), pp. 304–12.

26 Gallup, A. C. and Eldakar, O. T. 'The thermoregulatory theory of yawning: What we know from over 5 years of research', *Frontiers in Neuroscience,* 6 (2013), p. 188.

27 DeBoer, L. B., Powers, M. B., Utschig, A. C., Otto, M. W. and Smits, J. A. 'Exploring exercise as an avenue for the treatment of anxiety disorders', *Expert Review of Neurotherapeutics,* 12(8) (2012), pp. 1011–22.

28 Powers, M. B., Asmundson, G. J. and Smits, J. A. 'Exercise for mood and anxiety disorders: The state-of-the science', *Cognitive Behaviour Therapy,* 44(4) (2015), pp. 237–9.

29 Stonerock, G. L., Hoff man, B. M., Smith, P. J., and Blumenthal, J. A. 'Exercise as Treatment for Anxiety: Systematic Review and Analysis.'*Annals of behavioral medicine*: a publication of the Society of Behavioral Medicine vol. 49,4 (2015): 542–56. DOI: 10.1007/s12160-014-9685-9.

30 Abramowitz, J. S., Deacon, B. J. and Whiteside, S. P., *Exposure Therapy for Anxiety: Principles and Practice*, Guilford Publications, 2019.

31 Burca , S. and Cre u, R. Z. 'Perfectionism and neuroticism: Evidence for a common genetic and environmental etiology', *Journal of Personality,* 89(4) (2021), pp. 819–30.

32 Lopes, B. and Yu, H. 'Who do you troll and why: An investigation into the relation-ship between the Dark Triad Personalities and online trolling behaviours towards popular and less popular Facebook profi les', *Computers in Human Behavior,* 77 (2017), pp. 69–76.

33 Avast, 2021. 'Avast Foundation survey reveals trolling becoming an accepted behaviour for younger generations'. Available at: https://press.avast.com/ en-gb/avast-foundation-survey-reveals-trolling-becoming-an-accepted-behaviour-for -younger-generations_ga=2.256764171.1422491308 .1638966148-989583476.1638875314 (Accessed: 29/05/2022).

34 Cheng, J., Bernstein, M., Danescu-Niculescu-Mizil, C. and Leskovec, J. 'Anyone can become a troll: Causes of trolling behavior in online discussions', in Proceed-ings of the 2017 ACM Conference on Computer Supported Cooperative Work and Social Computing (February 2017), pp. 1217–30.

35 Suler, J. 'The online disinhibition effect', *International Journal of Applied Psychoanalytic Studies,* 2(2) (2005), pp. 184–8.

36 Rosenbaum, D. A., Fournier, L. R., Levy-Tzedek S., et al. 'Sooner rather than later: Precrastination rather than procrastination. *Current Directions in Psychological Science,* 28(3) (2019), pp. 229–33, doi:10.1177/0963721419833652.

37 Wiehler, A., Branzoli, F., Adanyeguh, I., Mochel, F. and Pessiglione, M. 'A neuro-metabolic account of why daylong cognitive work alters the control of economic decisions', *Current Biology,* 32(16) (2022) pp. 3564–75.e5. doi: 10.1016 /j.cub.2022.07.010.

38 STEM是科學（science）、科技（technology）、工程（engineering）與數學 （mathematics）四個專業領域的縮寫。

39 Sakulku, J. 'The impostor phenomenon', *The Journal of Behavioral Science,* 6(1) (2011), pp. 75–97.

40 Gravois, J. 'You're not fooling anyone', *Chronicle of Higher Education,* 54(11) (2007).

41 Bernard, D. L., Hoggard, L. S. and Neblett, E. W. Jr. 'Racial discrimination, racial identity, and impostor phenomenon: A profile approach', *Cultural Diversity and Ethnic Minority Psychology,* 24(1), (2018), pp. 51–61.

42 Cokley, K., Awad, G., Smith, L. et al. 'The roles of gender stigma consciousness, impostor phenomenon and academic self-concept in the academic outcomes of women and men', *Sex Roles,* 73 (2015), pp. 414–26; https://doi.org/10.1007 / s11199-015-0516-7.

43 Bravata, D. M., Watts, S. A., Keefer, A. L., Madhusudhan, D. K., Taylor, K. T., Clark, D. M. and Hagg, H. K. 'Prevalence, predictors, and treatment of impostor syndrome: A systematic review', *Journal of General Internal Medicine,* 35(4) (2020), pp. 1252–75.

44 Sue, D. W. *Microaggressions in Everyday Life: Race, Gender, and Sexual Orientation,* John Wiley & Sons, 2010.

45 Feiler, D. and Müller-Trede, J. 'The one that got away: Overestimation of forgone alternatives as a hidden source of regret', *Psychological Science,* 33(2) (2022), pp. 314–24.

46 Carney, D. R., Cuddy, A. J. and Yap, A. J. 'Power posing: Brief nonverbal displays affect neuroendocrine levels and risk tolerance', *Psychological Science,* 21(10) (2010), pp. 1363–8.

47 Kerr, M. and Charles, N. 'Servers and providers: The distribution of food within the family', *The Sociological Review,* 34(1) (1986), pp. 115–57.

48 Evers, C., Marijn Stok, F. and de Ridder, D. T. 'Feeding your feelings: Emotion regulation strategies and emotional eating', *Personality and Social Psychology Bulletin,* 36(6) (2010), pp. 792–804.

49 10＝極餓（虛弱、暈眩）；9＝非常餓（易怒、沒太多力氣）；8＝相當餓（胃部發出咕嚕聲，滿心想著食物）；7＝有點餓（想到食物）；6＝中立（不餓不飽）；5＝有點飽（愉快滿足）；4＝相當飽（有點不舒服）；3＝非常飽（腹脹，褲子變得太緊）；2＝極飽（肚子很撐，有點噁心）；1＝飽到痛苦（撐到肚子痛，覺得噁心）。

50 Parker, G., Parker, I. and Brotchie, H. 'Mood state effects of chocolate', *Journal of Affective Disorders,* 92(2) (2006), pp. 149–59.

51 Cota, D., Tschöp, M. H., Horvath, T. L. and Levine, A. S. 'Cannabinoids, opioids and eating behavior: The molecular face of hedonism?', *Brain Research Reviews,* 51(1) (2006), pp. 85–107.

52 Brouwer, Amanda M. and Mosack, Katie E. 'Motivating healthy diet behaviors: The

self-as-doer identity', *Self and Identity,* 14(6) (2015), p. 638.

53 Skorka-Brown, J., Andrade, J., Whalley, B. and May, J. 'Playing Tetris decreases drug and other cravings in real world settings', *Addictive Behaviors,* 51 (2015), pp. 165–70.

54 Hung, I. W. and Labroo, A. A. 'From firm muscles to firm willpower: Understanding the role of embodied cognition in self-regulation', *Journal of Consumer Research,* 37(6) (2011), pp. 1046–64.

55 以這麼簡化的版本說明這麼複雜的故事,還請包涵!

56 Stein, H., Koontz, A. D., Allen, J. G., Fultz, J., Brethour, J. R., Allen, D., Evans, R. B. and Fonagy, P. 'Adult attachment questionnaires: Disagreement rates, construct and criterion validity', Topeka, Kansas, The Menninger Clinic Research Dept, 2000.

57 Cohen, S., Janicki-Deverts, D., Turner, R. B. and Doyle, W. J. 'Does hugging provide stress-buff ering social support? A study of susceptibility to upper respiratory infection and illness', *Psychological Science,* 26(2) (2015), pp. 135–47.

58 Hodgson, K., Barton, L., Darling, M., Antao, V., Kim, F. A. and Monavvari, A. 'Pets' impact on your patients'health: Leveraging benefits and mitigating risk', *The Journal of the American Board of Family Medicine,* 28(4) (2015), pp. 526–34.

59 Parrott, W. G. and Smith, R. H. 'Distinguishing the experiences of envy and jealousy', *Journal of Personality and Social Psychology,* 64(6) (1993), p. 906.

60 Dunbar, R. *How Many Friends Does One Person Need? Dunbar's Number and Other Evolutionary Quirks,* Faber & Faber, 2010.

61 Grusec, J. E. 'Social learning theory and developmental psychology: The legacies of Robert R. Sears and Albert Bandura', in R. D. Parke, P. A. Ornstein, J. J. Rieser and C. Zahn-Waxler (eds), A Century of Developmental Psychology, *American Psychological Association,* 1994, pp. 473–97.

62 McGill, J. M., Burke, L. K. and Adler-Baeder, F. 'The dyadic influences of mindfulness on relationship functioning', *Journal of Social and Personal Relationships,* 37(12) (2020), pp. 2941–51.

63 Cunnington, D., Junge, M. F. and Fernando, A. T. 'Insomnia: Prevalence, consequences and effective treatment', *The Medical Journal of Australia,* 199(8) (2013),

S36–40. doi: 10.5694/ mja13.10718.

64 Hirshkowitz, M., Whiton, K., Albert, S. M., Alessi, C., Bruni, O., DonCarlos, L., Hazen, N., Herman, J., Katz, E. S., Kheirandish-Gozal, L. and Neubauer, D. N. 'National Sleep Foundation's sleep time duration recommendations: Methodology and results summary', *Sleep Health,* 1(1) (2015), pp. 40–3.

65 Herzog-Krzywoszanska, R. and Krzywoszanski, L. 'Bedtime procrastination, sleep-related behaviors, and demographic factors in an online survey on a Polish sample', *Frontiers in Neuroscience* (2019), p. 963.

66 Sturm, R. and Cohen, D. A. 'Free time and physical activity among Americans 15 years or older: Cross-sectional analysis of the American Time Use Survey', *Preventing Chronic Disease* (2019), p. 16.

67 Schulte, B. *Overwhelmed: How to Work, Love, and Play When No One Has the Time,* Macmillan, 2015.

68 Sjöström, S. 'Labelling theory', in *Routledge International Handbook of Critical Mental Health,* Routledge, 2017, pp. 15–23.

69 Aron, E. N. *The Highly Sensitive Person: How to Thrive When the World Overwhelms You,* New York, Harmony Books, 1997.

70 Lionetti, F., Aron, A., Aron, E. N., Burns, G. L., Jagiellowicz, J. and Pluess, M. 'Dandelions, tulips and orchids: Evidence for the existence of low-sensitive, medium-sensitive and high-sensitive individuals', *Translational Psychiatry,* 8(1) (2018), pp. 1–11.

71 Domhoff , G. W. 'The content of dreams: Methodologic and theoretical implications', *Principles and Practices of Sleep Medicine,* 4 (2005), pp. 522–34.

72 Cartwright, R. D. *The Twenty-four Hour Mind: The Role of Sleep and Dreaming in Our Emotional Lives,* Oxford University Press, 2010.

73 https://sleepeducation.org/sleep-caffeine/.

74 Schmidt, R. E., Courvoisier, D. S., Cullati, S., Kraehenmann, R. and Linden, M. V. D. 'Too imperfect to fall asleep: Perfectionism, pre-sleep counterfactual processing, and insomnia', *Frontiers in Psychology,* 9 (2018), p. 1288.

75 Akram, U., Ellis, J. G. and Barclay, N. L. 'Anxiety mediates the relationship

between perfectionism and insomnia symptoms: A longitudinal study', *PloS one,* 10(10) (2015), p. e0138865.

76 Erikson, E. H. *Insight and Responsibility,* Norton, Levinson, D. J. *The Seasons of a Man's Life,* Knopf, 1994.

77 Kim, A. M., Tingen, C. M. and Woodruff , T. K. 'Sex bias in trials and treatment must end', *Nature,* 465(7299) (2010), pp. 688–9.

78 Beery, A. K. and Zucker, I. 'Sex bias in neuroscience and biomedical research', *Neuroscience & Biobehavioral Reviews,* 35(3) (2011), pp. 565–72.

79 Doherty, M. A. 'Sexual bias in personality theory', *The Counseling Psychologist,* 4(1) (1973), pp. 67–75.

80 Jackson, M. *Broken Dreams: An Intimate History of the Midlife Crisis,* Reaktion Books, 2021.

81 Neugarten, B. L. 'Time, age, and the life cycle', *The American Journal of Psychiatry,* 136 (1979), pp. 887–94.

82 Rook, K. S., Catalano, R. and Dooley, D. 'The timing of major life events: Effects of departing from the social clock', *American Journal of Community Psychology,* 17(2) (1989), pp. 233–58.

83 Shale, S. 'Moral injury and the COVID-19 pandemic: Reframing what it is, who it affects and how care leaders can manage it', *BMJ Leader,* 4(4) (2020) pp. 224–7.

84 Panchal, S. and Jackson, E. ' "Turning 30" transitions: Generation Y hits quarter-life', *The Coaching Psychologist,* 3(2) (2007), pp. 46–51.

85 O'Riordan, S., Palmer, S. and Panchal, S. 'The bigger picture: Building upon the "Developmental Coaching: Transitions Continuum" ', *European Journal of Applied Positive Psychology,* 1(6) (2017), pp. 1–4.

86 Wels, H., Van der Waal, K., Spiegel, A. and Kamsteeg, F. 'Victor Turner and liminality: An introduction', *Anthropology Southern Africa,* 34(1–2) (2011), pp. 1–4.

87 Oeppen, J. and Vaupel, J. W. 'Broken limits to life expectancy', *Science,* 296(5570) (2002), pp. 1029–31.

88 Rubinstein, H. R. and Foster, J. L. ' "I don't know whether it is to do with age or to

do with hormones and whether it is do with a stage in your life" : Making sense of menopause and the body', *Journal of Health Psychology,* 18(2) (2013), pp. 292–307.

89 Hvas, L. 'Menopausal women's positive experience of growing older', *Maturitas,* 54(3) (2006), pp. 245–51.

90 Hayes, S. C., Strosahl, K. D. and Wilson, K. G. (2011). *Acceptance and Commitment Therapy: The Process and Practice of Mindful Change* (2nd edn), Guilford Press, 2006.

91 Lee, J. and Smith, J. P. 'Work, retirement, and depression', *Journal of Population Ageing,* 2(1) (2009), pp. 57–71.

92 James, J. B., Besen, E., Matz-Costa, C. and Pitt-Catsouphes, M. 'Engaged as we age: The end of retirement as we know it', The Sloan Center on Aging and Work, *Issue Brief,* 24 (2010), pp. 1–20.

93 Chernev, A., Böckenholt, U. and Goodman, J. 'Choice overload: A conceptual review and meta analysis', *Journal of Consumer Psychology,* 25(2) (2015), pp. 333–58.

94 Burnett, B. and Evans, D. *Designing Your Life: Build a Life that Works For You,* Random House, 2016.

95 Chepesiuk R. 'Missing the dark: Health eff ects of light pollution', *Environmental Health Perspectives,* 117(1) (2009), A20–A27. https://doi.org/10.1289/ehp.117-a20.

96 Anglin, R. E., Samaan, Z., Walter, S. D. and McDonald, S. D. 'Vitamin D deficiency and depression in adults: Systematic review and meta-analysis', *The British Journal of Psychiatry,* 202(2) (2013), pp. 100–7.

97 Callard, F. 'Hubbub: Troubling rest through experimental entanglements', *The Lancet,* 384(9957) (2014), p. 1839.

98 Dalton-Smith, S. *Sacred Rest: Recover Your Life, Renew Your Energy, Restore Your Sanity,* FaithWords, 2017.

99 Piliavin, J. A. and Siegl, E. 'Health benefi ts of volunteering in the Wisconsin longitudinal study', *Journal of Health and Social Behavior,* 48(4) (2007), pp. 450–64.

100 Global Wellness Institute (no date). Wellness Industry Statistics & Facts. Available at: https://globalwellnessinstitute.org/press-room/statistics-and-facts/ #:~:text=The%20healthy%20 eating%2C%20nutrition%2C%20%26,during%20 the%20 COVID%2D19%20pandemic (Accessed: 29 May 2022).

101 Longo, V. D. and Anderson, R. M. 'Nutrition, longevity and disease: From molecular mechanisms to interventions', *Cell,* 185(9) (2022), pp. 1455–70.

102 Miller, J. C. and Krizan, Z. 'Walking facilitates positive affect (even when expecting the opposite)', *Emotion,* 16(5) (2016), p. 775.

103 Boothby, E. J., Cooney, G., Sandstrom, G. M. and Clark, M. S. 'The liking gap in conversations: Do people like us more than we think?'*Psychological Science,* 29(11) (2018), pp. 1742–56.

104 Aganov, S., Nayshtetik, E., Nagibin, V. and Lebed, Y. 'Pure purr virtual reality technology: Measuring heart rate variability and anxiety levels in healthy volunteers affected by moderate stress', *Archives of Medical Science,* 18(2) (2022), p. 336.

105 'Emotion regulation, procrastination, and watching cat videos online: Who watches Internet cats, why, and to what effect?'*Computers in Human Behavior,* 52 (2015), pp. 168–76.

106 Lee, M. S., Lee, J., Park, B. J. and Miyazaki, Y. 'Interaction with indoor plants may reduce psychological and physiological stress by suppressing autonomic nervous system activity in young adults: A randomized crossover study', *Journal of Physiological Anthropology*, 34(1) (2015), pp. 1–6.

107 Wood, A. M., Froh, J. J. and Geraghty, A. W. 'Gratitude and well-being: A review and theoretical integration', *Clinical Psychology Review*, 30(7) (2010), pp. 890–905.

108 Hoge, E. A., Chen, M. M., Orr, E., Metcalf, C. A., Fischer, L. E., Pollack, M. H., DeVivo, I. and Simon, N. M. 'Loving-kindness meditation practice associated with longer telomeres in women', *Brain, Behavior, and Immunity*, 32 (2013), pp. 159–63.

誌謝

初次向我那優秀的經紀人提到微創傷的點子時，是她邀請我到倫敦皮卡迪利的沃斯利餐廳喝下午茶。（當然少不了煎蔬菜與馬鈴薯！）這種老牌餐廳很容易成為哈利波特的場景，也是我童年時對倫敦的想像。當時我說到這種累積性的創傷因為「不夠糟」，經常遭到忽視，彷彿不值得照料或注意時，親愛的經紀人眼中似乎閃過一絲光芒，我的心跳也漏了半拍。我們那時剛合作，而就是在這有如電影場景的地方，我知道有人認同我的直覺了：這世界需要知道更多關於微創傷的事。因此，我要打從我亞利桑納州天藍色的心裡，感謝點燃我熱情的文學經紀人多莉・西孟斯（Dorie Simmonds），相信我與微創傷。我或許在標點符號的戰爭中獲勝，但我們會在全球心理健康問題大流行的考驗中一起奮鬥。

有兩個紅髮男孩也給予同等的支持與鼓勵：尼爾・莫迪（Neil Mordey）與泡泡寶寶（the Boobah），他們都提供即時證據，證明我所假設的「你不必先愛自己」，以及無數的擁抱和「真愛」的氣息，可讓枯萎的靈魂起死為生。你們是我世界的#sofronge*。另外，不能不提到我的閨蜜泰莎・雷西（Tessa

Lacey），妳是我的日常靈感來源，就和尼爾與金吉（Ginge）一樣，是我的燈塔，引領我在波濤中返家。我也要謝謝大妹艾米・羅伊（Amy Roy）讓我能全天候處於1980年代的懷舊之情，說真的，要是沒有每天20則復古迷因，我該怎麼辦？！

　　還要誠摯感謝許多人，包括托爾森（Thorsons）與哈潑柯林斯（Harper-Collins）出版公司的莉迪亞・古德（Lydia Good）與團隊、所有我有幸稱為朋友的優秀醫療記者，還有我曾合作的共同作者路易絲・艾金森（Louise Atkinson）教我如何去除細節的惡魔，以及協助傳播微創傷訊息的專家馬斯・韋布（Mars Webb）與茱莉亞・錢比恩（Julia Champion）。感謝我的主管席歐班・歐里歐登博士（Siobhain O'Riordan），謝謝你在教練心理學上給予如百科全書般的知識！也非常感激你溫暖的鼓勵支持，在生活各個方面慷慨給予幫助，甚至比工作還多。還有我的個人治療師大衛・史密斯（David Smith），謝謝你在這旅程中給予的鼓勵與引導。

　　至於本書的動力——珍妮佛・甘迺迪（Jennifer Kennedy），妳總能確切知道該說什麼，無疑是最好的啦啦隊長！也感謝我的家族友人夏洛特・史密斯（Charlotte Smyth），在沙漠就認識那個無拘束又相當害羞的女孩，並在許多方面以各種方式支持我（通常伴隨著蛋糕！）妳無疑是我的「後天家人」。

---

* 譯註：無比力量。

　　我想再次跟全世界說說我親愛的爸爸——葛蘭姆·金霍恩·亞若（Graham Kinghorn Arroll）。您在第一波新冠肺炎大流行的初期，從我們身邊被帶走。經過這麼多年艱苦的歲月，您都撐過來了，最後竟是這樣離開，令我痛徹心扉。這本書要獻給您，紀念您總是無條件給予我堅定的愛。您受了很多苦，但我最希望的是，透過您的奮鬥，我能在心理健康的領域中照亮一點光芒，面對挑戰。我愛您，爸爸。

　　最後，給所有在心理健康方面遭到忽視、汙名化、邊緣化和煤氣燈效應傷害的人。你的生活經驗和微創傷，都和你一樣是那麼的獨特——但你不孤單。讓我們多談談微創傷，這樣別人就無法再把它掃進地毯下。我們一起為心理健康鋪上一條路，讓大家能更理解，也讓心理健康光譜上的每個人都獲得更好的治療。

KNOW HOW 006

微創傷：你以為沒什麼事，其實很有事

Tiny Traumas:How to stop feeling stuck, anxious, low, unmotivated
and unhappy, take back control of your life, and heal for good

作　　　者	梅格・亞若（Meg Arroll）
譯　　　者	呂奕欣
責任編輯	盧心潔
校對協力	李冀
插　　　畫	Lady Yaya
美術設計	王瓊玉

總 經 理	伍文翠
出版發行	知田出版 / 福智文化股份有限公司
	地址 / 105407 台北市八德路三段 212 號 9 樓
	電話 / (02) 2577-0637
	客服信箱 / serve@bwpublish.com
	心閱網 / https://www.bwpublish.com
法律顧問	王子文律師
排　　　版	陳瑜安
印　　　刷	富喬文化事業有限公司
總 經 銷	時報文化出版企業股份有限公司
	地址 / 333019 桃園市龜山區萬壽路二段 351 號
	服務電話 / (02) 2306-6600 #2111
出版日期	2024 年 4 月　初版一刷
定　　　價	新台幣 420 元

ISBN　978-626-98251-3-4
版權所有 • 請勿翻印 Printed in Taiwan
如有缺頁、破損、倒裝，請聯繫客服信箱或寄回本公司更換

Tiny Traumas: How to stop feeling stuck, anxious, low, unmotivated and unhappy,
take back control of your life, and heal for good Hardcover by Dr Meg Arroll
Text and illustrations © Dr Meg Arroll 2023
Except pages 68, 80, 217, 223, 244, 250, 265
by Liane Payne © HarperCollinsPublishers 2023
Published by arrangement with Dorie Simmonds Agency Ltd.
All Rights Reserved

微創傷：你以為沒什麼事，其實很有事 / 梅格・亞若
（Meg Arroll）著；呂奕欣譯 . -- 初版 . -- 臺北市：知田
出版，福智文化股份有限公司, 2024.04
　　304 面；14.8×21×1.9 公分 . -- （KNOW HOW；6）
　　譯自：Tiny Traumas:How to stop feeling stuck,
　　　　　anxious, low, unmotivated and unhappy, take
　　　　　back control of your life, and heal for good

　　ISBN 978-626-98251-3-4（平裝）

　1. CST: 創傷　2. CST: 創傷後障礙症　3. CST: 心理治療

178.8　　　　　　　　　　　　　　　113004045